불교의 깨묵

불교의 깨묵을 내면서

불교의 진수(眞髓)는 말로 표현할 수 없다. 말로 표현 한다면 벌써 진수와는 다르다. 그러나 말로 표현하지 않고야 어떻게 생각한 내용을 다른 이에게 알릴 수 있겠는가.

그래서 부처님께서 八만 장경을 말씀하시고 한 글자도 말씀하시지 않았다고 강변하셨는가 보다.

동국대학교가 부산에 가 있을 적에 불교 독본 두 책을 낸 일이 있었다. 내가 십 수 년 전, 통도사에 있으면서 처음 입문하는 학인에게 읽게 하려는 뜻으로 그 가운데서 역사와 교리에 관한 것 二十장을 뽑아서 불교 독본초 라는 이름으로 프린트한 적이 있었다.

금년은 불교가 우리나라에 들어온 지 1.600년 되는 해다. 뜻한 바 있어 그것을 약간 손질하여 다시 간행하면서 책 이름을 **불교의 깨묵**이라 이름 붙였다.

서기 一九七二년 六월 일

운 허 쓰다

교정한 불교의 깨묵을 읽고

최근세 한국 불교학의 태두, 운허 큰 스님께서 동국대학교가 부산에 피난 갔을 때 불교학과 교재로 사용하기 위해 저술했던 불교학 개론의 성격인 불교독본을 저술하셨습니다. 소납이 통도사 강원에서 이력을 볼 때, 처음 입문한 분들을 위해, 스님께서 대학의 교재에서 20편을 뽑아, 불교의 독본초라는 소책자로 간행하여 학인들의 안목을 일신한 현대판 불교서적이었다.

그후 판을 고치고 제목을 불교의 깨묵이라 고쳐 55판까지 찍은 대단한 서적이다.

근래에 당시 저와 함께 이력을 보던, 큰 스님의

시자였던 몽산 관일 스님이 철자법을 고친 불교의 깨묵을 가편집해 보이면서 일독을 권하기에 일별하고, 옛날에 느끼지 못한 무게와 간단명료함에 새삼 감동을 받았다.

운허 큰 스님의 가르침을 보는 불자는 행복함을 누리리라 여긴다.

이 불교의 깨묵을 다시 보게 해준 몽산 관일 스님에게 감사를 드리며, 큰 스님의 가르침을 고희가 되어 다시 읽는 청복에 행복을 느낀다.

토함산 불국사 성타 합장

목 차

1. 석가모니불 (1)

불교의 교주이신 석가모니(śākyamuni)부처님은 서력 기원전 623년에 중인도 가비라국 정반왕(śuddhodana)의 태자로 탄생하셨으니, 어머니는 마야(Mahā-māyā) 부인이다. 그 당시의 가비라국은 큰 나라는 아니지만 설산이 북쪽에 솟아 있고 항하(Ganga)가 남쪽으로 흘러서 그 위치는 인도의 거의 중앙으로서 그때 인도문명의 중심지였다. 더욱 그 나라는 땅이 살지고 기름져서 여러 나라 가운데 제일 좋은 농업국이었으므로 왕실의 부귀와 영화는 비할 데가 없었다. 그때 인도에는 네 가지 종족이 있었는데, 부처님은 찰데리(Kṣatriya)종족의 후손으로, 때도 아름다운 사월 초파일에 룸비니(Lumbini)공원 무우수 아래에서 탄생하셨다. 태어나시자마자 사방으로 일곱 걸음을 걸으시고 손으로 천지를 가리키면서 '천상천하(天上天下)에 유아독존(唯我獨尊)이라' 고 외치셨다. 나실 때부터 얼굴이 천하에 제일이었으므로 아사타(Asita) 선인이 관상을 보고 너무도 감격하여 눈물지어 울었고, 부왕과 모후와 여러 신하와 백성들도 기쁘고 즐거워함은 비할 데 없었다. 그때 부왕은 태자의 이름을 싯달다(Siddhārtha)라 짓고 일찍이 태자의 지위에 오르게 하였다. 가비라국은 사위(Śrāvastī)국과 마갈타(Magadha)국의 두 강대한 나라들 틈에 끼어 있어서 그들의 침략을 받던 터이라, 부왕과 여러 신하들은 태자에 대한 촉망이 여간이 아니었다.

태자는 문무가 겸전(兼全)한 임금이 되어, 장차 5인도를 통일하여 주도록 희망하였다. 그래서 일찍부터 태자를 교육하였으며, 태자가 일곱 살 되던 해에는 바라문(Brāhmaṇa)의 학자인 발타라니를 스승으로 정하여 4페타(Veda)와 5명(明)을 배우게 하였고, 그리고 문학과 기예만 아니라, 스승을 택하여 무술도 가르쳤다. 태자는 성품이 총명한 천재였으므로 하나를 들으면 백과 천을 깨달아 문무를 겸비함에 따를 사람이 없었다.

그러나 태자는 어려서부터 세상의 실상을 관찰하는 예리한 지혜가 깊었고, 태자가 자라면 출가하여 부처님이 되리라는 아사타의 예언도 있었으므로 부왕은 태자의 출가할 뜻을 막기 위하여 태자의 마음을 될 수 있는 대로 기쁘게 하려고 삼시전(三時殿)을 지어 거처하게 하였다. 삼시전은 봄과 여름과 가을의 기후에 맞도록 지은 궁전이다. 태자가 17세 되던 때에는 선각왕의 따님 야수다라(Yaśodharā)를 맞아 태자의 비를 삼았다.

부왕은 이와 같이 태자에 대하여 주의를 깊이 하였으나, 인간 세상과 자연의 변화에 대한 관찰력이 예리한 태자는 행복한 궁중생활에 만족하지 않았다. 한번은 태자가 적전(籍田)에 따라갔다가 농부들의 밭가는 쟁기 끝에 벌레가 찢겨 죽기도 하고, 새들이 와서 쪼아 먹는 것을 보고 불쌍한 마음을 금치 못하여 종일토록 근심으로 지낸 일이 있었다. 또 동、서、남、북 4대문 밖으로 나가서 구경하다가 깊이 느낀바 있었으니, 동문 밖에서는 백발을 흩날리는 노인이 힘없이 걸어가는 것을 보고 늙음의 괴로움을 깨달았으며, 남문 밖에서는 병든 사람을 보고 병의 고통을 알았으며, 서문 밖에서는 죽은 사람의 상여를 보고 죽음의 괴로움을 느꼈고, 북문 밖에서는 출가하여 수도(修道)하는 수행자를 보고 모양이 거룩함에 감격하였다. 그래서 태자는 인생의 늙고 병들고 죽음에 대하여 회의를 품고, 이 늙고 병들고 죽음을 벗어나려면 출가 수행하여 불생불멸(不生不滅)하는 영원한 진리를 깨닫는 것밖에 다른 도리가 없다고 생각하였으므로 부모와 처자의 은애(恩愛)도 돌아보지 않고, 전륜왕(轉輪王)의 높은 지위와 부귀영화가 쌓인 궁중생활도 헌신짝같이 버리시고 밤중에 궁성을 넘어서 출가하니, 태자의 나이 27세 되던 2월 8일이었다.

그 때, 태자는 수도할 목적으로 람마원이라는 숲속에 들어가서 직접머리를 깎고, 어떤 수행자에게 비단옷을 벗어주고 가사(Kaṣāya)로 바꾸어 입고, 발가(Bhargava)선인이 있는 곳을 찾아가, 그들이 고행(苦行)하는 실정을 보고, 고행 하는 뜻을 물어

보았다. 그러나 태자의 마음에 맞지 아니 하므로 다시 마갈타국 왕사성부근의 산중에서 많은 제자를 데리고 있는 아라다가람(Arāḍa-Kālāma)을 찾아갔다.

그 때에 가비라성에서는 태자가 가만히 출가함을 알고, 부왕과 대신들이 놀라고 탄식했다. 그래서 왕사(王師)와 대신들 수십 명에게 명령하여 태자를 찾아가서 대궐로 돌아오도록 하였다. 그러나 태자는 듣지 않고 오직 교진여등 다섯 사람에 한하여 자기를 따르게 하셨다.

태자는 아라다가람 선인과 더불어 수행에 대한 문답을 하였으나 만족한 대답을 들을 수 없었다. 태자는 생각하기를 대도(大道)를 이루려면 차라리 스승을 의지 하지 말고 스스로 깨닫는 것만 같지 못하다 하고, 마갈타국 니련선강의 동쪽에 있는 고행림(苦行林)으로 가서 6년동안 고행하였다. 이때에 교진여등 다섯 사람도 태자와 함께 고행하면서 수행하셨다.

2. 석가모니불(2)

태자는 고행하는 것만이 해탈(解脫)을 얻는 길이 아님을 알았으나, 그 당시의 수도하는 수행자들의 풍속이 고행만으로 공부하는 으뜸을 삼았으므로 일부러 고행을 하셨는데, 하루에 참깨 한 알 보리한 톨만을 잡수시면서 온갖 고행을 하시니, 그렇게 훌륭하던 몸이 피골이 상접하셨다.

태자는 다시 생각하셨다. 육체를 학대하여 고행을 하는 것으로써 열반을 얻는 길이 아닌 줄 깨달으시고, 니련선강에 나아가서 목욕하여 정신을 차린 뒤, 소 기르는 처녀에게서 우유죽을 공양 받고 기운을 회복하신 뒤, 교진여등과 작별하고 니련선강을 건너서 정각산(正覺山)에 이르러 필발라(Pipp ala)나무 밑에 앉아서 이렇게 결심하셨다. 내가 위없는 도를 깨치지 않고는 이 자리에서 일어나지 아니 하리라고, 굳게 결심하고 앉아서 생사를 초월하는 공부를 하셨다.

그 때에 마음속의 악마와 환경적인 악마들의 방해가 비할 데 없었으나 그것을 모두 항복받으시고 밤으로 낮으로 공부를 계속하시다가 48일이 되는 날 새벽하늘에 떠오르는 샛별을 보고 크게 깨쳐 성도(成道)하셨다. 때는 바로 태자가 35세 되는 12월 8일이었다. 그동안 얼굴이 초췌하고 형용이 바싹 마른 일개의 수도사문(修道沙門)이었던 태자는 이 때에 32상(相)과 80종호(種好)를 원만하게 갖추신 정각(正覺)을 성취한 부처님이 되셨다. 따라서 대자대비한 마음이 안으로 움직여 스스로 깨달으신 진리를 그대로 감추어 둘 수가 없으며 이것을 널리 전포(傳布)하여 세상을 구제하고 중생을 제도하려는 포교전도에 노력할 생각이 간절하셨다. 그래서 세존(世尊)께서는 먼저 바라내(Vārāṇasī)국의 사슴동산으로 가셔서 전일에 함께 고행하던 교진여등 다섯 사람에게 고(苦)、집(集)、멸(滅)、도(道)등 4

성제(聖諦)의 진리를 말씀하셔서 그들을 교화하여 제자로 삼았다. 그 다음에는 마갈타국으로 가셔서 왕사성 밖에 있는 불을 숭배하는 외도의 두목인 우루빈나가섭(Uruvilvā-Kāśyapa)과 나제가섭(Nadī-Kāśyapa)과 가야가섭(Gayā-Kāśyapa) 3형제를 교화하여 제자를 삼으시니, 그들의 제자 천 명이 모두 부처님께 귀의하여 세존의 제자가 되었다.

세존은 가섭과 천명의 제자를 거느리고 왕사성에 들어가서 빈바사라(Bimbisāra)왕에게 법본무아 삼사생염(法本無我 三事生染)」의 진리를 말씀하시니, 빈바사라왕은 세존의 설법에 감격하여 큰 절을 지어 세존을 맞이하였으니 저 유명한 대숲 절(竹林精舍)이다. 그 때에 사리불(śāriputra)과 목건련(Mau dglyāyana)도 부처님의 제자가 되었으니, 부처님의 교화하시는 근거지는 전인도의 중앙지대인 마갈타국 왕사성이었으며, 빈바사라왕의 보호가 있고, 3가섭과 사리불、목건련등 큰 제자들의 맹렬한 활동이 있었는지라 세존의 교화는 마른 나무에 불이 붙듯 사면팔방으로 퍼졌다.

그 때에 사위(śrāvastī)국의 큰 사업가인 수달타

(Sudatta)라는 장자(長者)가 왕사성에 있다가 세존의 감화를 받고 자기 나라에 돌아와서 그 임금 바사닉(Prasenajit) 왕에게 세존의 위덕을 아뢰고, 그 아들 기타(jeta)태자에게서 서다림(Jetavana)이라는 동산을 사서 큰 절을 짓고 세존을 청하여 계시게 하였으니 그것이 유명한 기원정사(祇園精舍-Jetavana-vihāra)이다.

그 당시 인도에는 여러 영웅들이 일어나서 16의 큰 나라로 나누어 있었는데, 그 가운데 가장 크고 강한 나라가 사위국과 마갈타국이니, 이 두 나라의 국왕이 세존을 숭배하고 불교를 믿게 되었으므로 다른 국왕들도 모두 따라서 귀의하게 되었다.

세존께서는 이렇게 인도의 여러 나라에 교화를 펴시면서 45년 동안을 밤낮을 가리지 않고 전법(傳法)하셨으므로 그 화평한 얼굴과 부드러운 말씀의 자비하신 감화력은 그 당시의 바라문교를 압도하였고, 4성(姓)계급이 모두 불교를 믿게 되었다. 그렇게 불교는 인도의 종교계에 큰 혁명을 일으켰다. 부처님께서는 제도할 중생을 모두 제도하셨으므로 끝으로 구시나라(Kuśingara)성 밖에 있는 쌍으로

선 사라(Slavṛkṣa)나무 사이에서 최후의 법문인 열반경을 말씀하시고 열반에 드시니 세존께서 80세 되시던 2월 15일이었다.

그해 여름 안거(安居)동안에 대가섭、아난다、우바리등 5백 아라한(Arhan)들이 왕사성의 칠엽굴(七葉窟)에 모여서 세존의 일생동안 말씀하신 3장(藏)을 결집(結集)하셨으니 이것이 8만대장경이다.

3. 불교의 성전

서양의 어느 철학자가 말은 사상(思想)을 등지고 문자(文字)는 정신을 죽인다고 말했다. 그 뜻은 말과 문자의 표현이 부족하다는 것을 말한 것이지, 결코 말이나 문자가 필요하지 않다는 의미는 아니다. 종사들(宗師)의 말씀에도 부처님이 공연한 횡설수설(橫說竪說), 여러 말씀을 하셨기 때문에 후세 사람들이 도리어 미혹(迷惑)하여졌다고 비난한 이들이 있지만, 이것도 역시 앞의 말과 같은 뜻이다. 그러나 우리 인생은 짐승과 달라서 사상과 문자를 가지고 있으며, 자기의 이상을 남에게 전달하려는 욕망을 가지고 있음이 특징이다. 사람이 어질면 어질수록 그 욕망이 크다. 그러므로 예로부터 성인들은 반드시 후생들에게 끼치신 말씀이 있으니, 공자의 논어(論語), 예수의 4복음, 마호메트의 코오란등이 그것을 증명했다.

세존께서도 부처가 되신 후, 끝없이 용솟음치는 자비심에서 그지없는 중생들을 교화하기 위하여 45년 동안 수없는 말씀을 남겨놓았으니 이것이 불교의 성전이다. 세계의 여러 종교 중에 성전이 많기로는 불교가 제일이다. 성전의 수량이 많은 것이 반드시 자랑할 것은 아니나, 부처님의 가르친 말씀이 그렇게 많음은 부처님께서 우리 중생을 위하는 자비심이 그만큼 깊었다는 의미다.

그러면 불교의 성전은 과연 어떠한 것인가? 그것은 대개 세 가지로 나누었으니 경장(經藏)、율장(律藏)、논장(論藏)으로서 이것을 모두 장경(藏經)이라 한다. 이것을 모두 3장이라 하는 것은 그 내용이 많아서 단순한 것이 아니라는 뜻을 말함이며, 경과 율과 논이 다 각각 그 내용이 풍부하여 마치 창고 속에 여러 가지 물건이 들어있는 것과 같음을 비유함이다.

경장은 부처님께서 친히 말씀하신 진리다. 원래

경이라는 것은 중국의 예로 보면 성인의 말씀을 모은 것이니 이것은 불교에서도 같은 뜻이다. 더 자세한 뜻을 말하면 '모든 이치를 나타낸다·나타내 보인다·모든 의미를 흘러내린다·사(邪)와 정(正)을 바르게 하는 것이 먹줄과 같다·모든 진리를 꿰어 가진 것이 화만(花鬘)과 같다'는 등의 여러 가지 뜻이 있으나 간략하게 말하면 부처님이 중생을 대하여 그 능력에 맞도록 진리를 말씀하신 설법집(說法集)이다.

부처님이 설법(說法)하시는 것은 요새와 같이 무슨 연제를 내어걸고 설법하거나 강의하는 것이 아니고, 어떤 사람이 무슨 일을 물으면 그 묻는 일에 대하여 그 사람이 이해할 수 있는 정도로 대답하시는 학습능력에 맞추어 하신 수기설법(隨機說法)이다. 그런데 부처님을 찾아와서 법을 묻는 상대자는 인생과 천상사람과 귀신들과 짐승등 네 종류였고, 그 설법하는 시간도 일정하지 아니 하여 이른 아침에도, 달 밝은 밤에도, 길을 갈 적에도, 일을 할 적에도 묻는 이가 있기만 하면 곧 해답하여 주셨다. 그리고 어떤 때는 묻는 이가 없어도 부처님 자신께서 깨달으신 진리에 기쁨(法悅)을 느끼시며, 그 기쁜 경지를 말씀하시기도 하고, 또 어떤 사물을 보실 적에 제자들에게 이익 될 만한 일이 있으면 자진하여 말씀하시기도 하셨으니, 이러한 설법을 묻는 이가 없는 데도 스스로 하신 무문자설(無問自說)이라 한다.

이러한 여러 가지 설법을 모은 것이 경장인데, 경장에도 여러 가지 종류가 있다. 가령 장아함경(長阿含經)、중아함경(中阿含經)、증일아함경(增一阿含經)、잡아함경(雜阿含經)등을 4아함이라 하며, 이것은 위에서 말한 여러 가지 형식으로 된 설법집이다. 이러한 경전에 의지해보면 인간으로서의 세존을 알 수 있다. 이 밖에 세간에 널리 알려진 경으로는 묘법연화경(妙法蓮華經)·대방광불화엄경·대반열반경·대반야경·수릉엄경 등 많은 경전이 있는데 이런 경들은 아함경과 달라서 그 조직이 정연하고 표현한 내용이 웅대(雄大)하여 다른 종교에서는 도저히 찾아볼 수 없는 불교의 자랑이다.

그 다음에 율장이란 것은 불교교단에 소속한 사람들이 지켜야 할 계율(戒律) 곧 법률로서 제정한 것이니, 이러한 법률이 필요한 까닭은 원래 불교의 교단은 여러 계층의 사람들이 모여 구성되었으므로 교단의 질서를 유지하기 위해서는 어떠한 규율이 필요하지 아니 할 수 없었다. 그러나 부처님께서 계율을 제정한 것은 미리 제정해 놓고 교단 사람에게 실행을 요구한 것이 아니라, 교단 사람으로서 잘못이 있을 적마다 그 사단에 적절한 계율을 제정하셨으니, 이것을 잘못한 사안에 따라 그 잘못을 저지하는 계율을 만들었다고 한다. 무엇을 하지 말라고 하는 계율의 조목을 든 것으로 비구에게는 250계율, 비구니에게는 348계율, 신도에게는 5계율 등이 제정되어 있다. 예를 들면 살생하지 말라, 훔치지 말라, 음행하지 말라, 거짓말하지 말라, 술 마시지 말라 하는 등이 이른바 5계니, 이런 종류의 조목을 지키게 한 것이 계율이다. 모든 계율의 근본이 곧 5계로서 도덕이 주안이 되었고, 그 다음에는 도를 닦는데 장애되는 일을 하지 말게 한 것이다.

셋째에 논장이란 것은 부처님께서 말씀하신 경장에 대하여 부처님의 제자들이 연구를 쌓아서 조직적으로 교리를 정리한 내용을 모은 것이다. 그러므로 논장은 부처님께서 말씀한 것이 아니고, 학문과 도덕이 높은 부처님 제자들이 저술한 것이다. 그래서 조직적으로 된 불교의 교리를 알려면 이 논장에 의지하지 아니하면 안된다. 논장을 예를 들면 계신족론(界身足論)、식신족론(識身足論)、중관론(中觀論)、기신론(起信論)등이다.

부처님께서 직접적으로 말씀하신 진리를 알고자 하면 경장을 읽어야 하고, 진리가 학문적으로 조직된 것을 알고자 하면 논장을 보아야 하며, 불교의 실천적(實踐的)도덕을 알고자 하면 율장을 보아야 한다.

4. 삼보(三寶)

삼보(三寶)는 불보(佛寶)、법보(法寶)、승보(僧寶)를 가리키는 말이니, 불、법、승 셋을 왜 보(寶)라 하는가 ? 이 세 가지가 모든 중생의 복밭이 되어 이 세상에 가장 존귀하므로 보배라 한다.

불보는 부처님을 가리키는 말이니, 부처님은 미혹한 번뇌를 여의고 온갖 법의 진리를 증득(證得)하셨으며, 또 다른 중생을 인도하여 진리를 깨닫게 하여 스스로도 깨닫고 다른 이도 깨닫게 하는 두 가지 행(行)을 완전하게 성취하여 모든 세간에서 가장 원만한 인격을 소유하였으므로 불보라 한다.

법보는 달마(Dharma) 곧 교법을 가리키는 것이니, 자신의 특성을 보전해 가지고(任持自性) 모범이 되어 다른 이의 일정한 지해(知解)를 내게(軌生物解)하므로 법이라 하고, 부처님께서 말씀하신 교리는 이 세상에 비길 데가 없는 바른 법이어서 이 교법대로 닦으면 누구든지 각자(覺者)가 될 수 있으므로 세상의 재물과 같다고 하여 법보라 한다.

승보는 승가(Saṃgha) 곧 화합한 단체를 가리키는 것이니, 부처님의 교법을 받아 가지고, 깨달아 알고 닦아 행하여 필경에 무상정각(無上正覺)에 이르는 것을 최고의 이상으로 하는 승단(僧團)을 말한다. 이 승단은 세간의 어느 단체보다도 존귀하므로 승보라 한다.

이 삼보에는 세 가지 구별이 있으니, 세 가지는 주지삼보(住持三寶)、별상삼보(別相三寶)、동체삼보(同體三寶)를 말한다.

1. 주지삼보는 후세에 전해지는 삼보를 말한다. 心像을 금속으로 붓거나 나무로 조각하거나 돌로 다듬거나 흙으로 빚거나 想像으로 결정하고 조성한 동상이나, 천이나 종이에 그리거나 수를 놓아서 조

성한 탱화 등은 불보요, 천이나 종이에 쓰거나 판으로 찍은 경전 곧, 경·율·논의 삼장은 법보요, 비구·비구니·식차마나(śikṣamāṇa)·사미·사미니의 승단은 승보라 하니, 이러한 법에 의지하여 삼보가 주지(住持)하므로 주지삼보라 한다.

2. 별상삼보는 종교적 도덕적으로 믿고 수양할 표준을 보이는 실제 신앙상의 삼보를 말한다. 석가모니불이나 아미타불과 같은 시방삼세의 모든 부처님은 불보요, 여러 부처님이 말씀하신 사제(諦)·십이인연(十二因緣)·육도(六度)·만행(萬行)의 온갖 교법과 부처님이 깨달으신 우주의 진리와 삼승학인(三乘學人)의 수행하는 방법과 성취하는 과법(果法)은 법보요, 부처님의 교법을 의지하여 수행하는 삼현(賢)·십성(聖)과 팔배상인(八輩上人)은 승보다. 이것은 삼보의 체상(體相)이 서로 다르므로 별상삼보라 한다. 이 별상삼보에 대하여는 여러 종파(宗派)들이 각각 그 교의(敎義)를 따라서 해석도 제각기 다르다.

3. 동체삼보는 삼보의 본체인 진여법신(眞如法身)

에 나아가서 세 가지 부분으로 표현하는 내용을 설명한 내용이다. 진여법신상(眞如法身上)에 본래 갖추어 있어 완전하고 원만한 영각(靈覺)을 불보라 하고, 진여의 고요한 법성(法性)을 법보라 하고, 진여에 본래 구족한 화합의 덕상(德相)을 승보라 한다. 이것은 우주본원의 이치와 본체(理體)에 갖추어 있는 세 가지로서 동일한 진여의 체상(體上)에 구족한 덕상(德相)의 세 가지 내용이므로 동체삼보라 한다.

위의 불、법、승 세 가지는 모든 중생의 복밭이 되며, 소중하고 진귀하므로 삼보라 하니, 세간의 온갖 것 가운데는 이 삼보와 비교할 만한 것이 하나도 없기 때문이다.

5. 역경사업(譯經事業)

불교는 원래 인도에서 생겨서 중국에 전해왔고, 중국으로부터 다시 우리나라에 전해왔다. 인도에서 중국에 전해온 것도 큰일이지만 전해온 불교가 중국 사람에게 숭앙(崇仰)되고 소화되는 데는 더 큰 일이 있었으니, 그것은 인도에서 이루어진 불교 경전을 한문으로 번역하는 일이었다. 인도의 경전은 싼스크리트어(梵語)로 기록된 것인데, 그것을 중국 사람이 읽을 수 있도록 한문으로 번역하는 일이 가장 필요하였다.

불교가 전해오던 처음에는, 인도 지역의 고승들이, 싼스크리스터어로 기록된 경전을, 멀고먼 험한 길을 거쳐서 모시고 왔으니, 이것을 번역하는 데는, 그 고승들이 먼저 중국말을 배워서, 한문에 능통해야 했으며, 혹은 중국 사람이 싼스크리스트어를 배운다 하더라도 경전을 번역하기까지에는 얼마나 큰 노력이 있었을까 하는 문제는 능히 짐작할 수 있는 일이다. 숫한 노력에 힘입어 중국에 전해온 불교 경전은 서역 스님이나 중국 사람의 손으로 낱낱이 번역되었다.

불교가 한번 전해온 이후로 뒤를 이어 많은 인도지역 스님과 많은 경전이 전해 와서 여러 가지 경、율、논이 번역되었다. 번역한 고승과, 번역된 경전을 낱낱이 말하기는 번잡하므로, 그 가운데서 가장 주요한 몇 사람만을 소개하려 한다.

가장 이름난 번역가로 먼저 꼽아야할 사람은 요진(姚秦 384~417) 시대의 구마라습(鳩摩羅什Kumāajiva) 삼장(三藏)이다. 그는 구자국(龜玆國)사람으로서 아버지는 인도사람이요 어머니는 구자국 왕의 여동생이었다. 그는 어려서부터 총명하여 하루에 7만2천 자의 글자를 외웠다 한다. 전진왕(前秦王) 부견(符堅)이 여광(呂光)장군을 보내어 구자국을 정벌하고, 그 나라의 불교학자인 구마라습을 모시고, 양주(凉州)로 돌아오게 했으나, 여광이 그 임무를 완수하여 돌아왔을 때에는, 부견이 패망하고, 후진(後秦)의 요장(姚萇)이 임금이 되었으므로, 여광은 장안으로 돌아가지 아니하고, 고장(姑藏)에서 독립하여 양국왕(凉國王)이 되었다. 그러므로 나습은 고장에서 15년의 세월을 허송하다가, 후진왕 요흥(姚興)의 초청을 받아 장안에 이르니, 때는 후진의 홍시(弘始) 3년(401) 12월이었다. 그 때에 나습은 한어에 능통하였고, 기왕에 번역된 경전에 잘못된 것도 많이 발견하였다. 진왕은 당시의 고승과 석학 팔백 여명을 모아서, 나습의 지도를 받아 한편으로는 구역(舊譯)을 교정하고, 또 새로 여러 경논을 번역하였으니, 그의 역장(譯場)은 그대로 경논의 강의장이 되어, 항상 3천여 명이 모여 강설을 들었다. 그의 학문과 덕망을 넉넉히 짐작을 할 수 있다. 그의 번역이 한번 나오니, 구역의 경론은 마치 태양 빛에 모든 별이 빛을 잃듯이 되었다.

나습삼장의 번역으로는 유명한 대품반야경(大品般若經 27권)、소품반야경(小品般若經 10권)、금강반야경(金剛般若經 1권)、인왕반야경(仁王般若經 2

권)、묘법연화경(妙法蓮華經 7권)、유마경(維摩經 3권)、능엄삼매경(楞嚴三昧經 3권)、아미타경(阿彌陀經 1권)、유교경(遺教經 1권)、대지도론(大智度論 100권)、중관론(中觀論 4권)、십이문론(十二門論 1권)、백론(百論 4권)、십주비바사론(十住毘婆沙論 17권)、성실론(成實論 20권) 등 70여부 3백여 권이다.

이 경론 중에는 나습 이전에도 번역되고, 이후에도 번역된 것이 있으나, 나습의 번역만이 오늘날까지 사람들에게 읽히고 있다.

나습삼장보다 150년쯤 후에 인도스님이 중국에 와서 많은 번역을 하여서 중국불교에 큰 영향을 준 이는 진제(眞諦) 삼장이다. 진제삼장은 양(梁)의 태청(太淸) 2년(548)에 중국의 건강(建康)에 왔으나, 불행하게도 전쟁이 많았으므로, 이곳저곳으로 옮겨다니면서 경전을 번역하게 되어 무한한 곤란을 많이 겪었다. 그는 양(梁)과 진(陳)의 2대에 걸쳐 번역한 경론이 614부 278권이라 하는데, 그 가운데 섭대승론(攝大乘論 3권)을 번역하고, 석론(釋論 15권)을 번역 발표하여 섭론종(攝論宗)을 일으켰고,

또 대승기신론(大乘起信論)을 번역하여 불교 철리(哲理)의 대종(大宗)을 알려준 것은 큰 공로가 되었으며, 불완전하나마 '온갖 법은 오직 식(識) 뿐이며, 마음 밖에 다른 법은 없다'(萬法唯識 心外無法)는 유식사상(唯識思想)을 전한 것도 중국불교에 큰 영향을 주게 되었다.

진제삼장 뒤 70년쯤 되어서 중국 사람으로서 큰 번역가가 있었으니 그가 곧 당삼장(唐三藏)이다. 그의 이름은 현장(玄奘)이며, 진제(眞諦)가 번역하여 전하는 유식(唯識)이 교리에 명확하지 못한 점을 발견하고, 이를 깊이 연구하려고 인도에 유학할 장한 뜻을 내었다. 당시의 인도유학은 생명과 바꾸는 큰일이었던 것을 안다면, 그 큰 뜻을 찬양하지 아니할 수 없다. 그가 인도에 유학하는 길을 떠난 것은 당의 정관(貞觀) 3년(629), 그 때 그의 나이 28세였다. 인도의 130여 나라의 방방곡곡을 지나다니며 불법을 배우기 17년 만에 삼장에 관한 경론 520질(秩)을 구해가지고 19년(645)만에 장안으로 돌아오니 조야(朝野)가 교외(郊外)에 나가서 환영하였다.

그는 중국 사람이니 한문에 능한 것은 물론이고, 범어와 인도의 풍속、습관、문물(文物)에도 능통했다. 그 안목으로써 구역의 경론을 볼 때에 만족할 수가 없었다. 그러므로 그는 모든 장경을 새로 번역할 큰 원을 세우고, 대반야바라밀경 6백권과 소승교(小乘敎)의 모든 논장과 유식론(唯識論) 인명론(因明論)등 75부 1,335권을 번역했다. 이리하여 현장 이전의 번역을 구역(舊譯)이라 하고, 현장 이후의 번역을 신역(新譯)이라 한다.

이 밖에도 잊어버릴 수 없는 번역가가 있으니 인도의 고승 불공(不空)삼장이다. 그는 주로 밀교(密敎)에 관한 경전을 번역했다. 불공삼장 이전에도 밀교의 경전이 번역되었으나, 순전한 밀교(密敎)의 사상을 전한 이는 불공삼장으로서 많은 밀교의 경전을 번역하여 중국에 밀교를 세웠다.

우리나라에 불교가 전해온 것은 372년 고구려 소수림왕 때에 중국의 전진왕(前秦王) 부견(苻堅)이 스님 순도(順道)와 불상과 불경을 보내온 데서 비롯하였다. 그 때에 전해온 불경은 한역본(漢譯本)이지만 우리 민족은 그때까지 글을 가지지 못해서 한문 그대로 불경을 공부했다. 그때부터 천여 년 뒤, 세종대왕이 한글을 만들어 반포하시면서 1457年에 간경도감(刊經都監)이라는 관청을 설치하고 수릉엄경、묘법연화경、원각경、금강경、아미타경 등을 번역한 것이 불경 번역의 시초다. 그 후에는 백 용성(白龍城)、안 진호(安震湖)스님이 개인의 원력으로 화엄경、유마경、법화경 등을 번역하였고, 최근에는 조계종의 사업으로 동국대학교에 역경원을 부설하고 1965년부터 고려대장경을 저본 삼아 한글로 번역하여 '한글 대장경' 이라 명명하고, 35년만인 2000년 9월에 목록을 포함하여, 글자 크기 9P, 6.7백 쪽 내외의 신국판 한글 대장경 319권을 번역 간행하여 1차적으로 회향했다.

6. 육도(六度)

육도는 대승보살도를 닦는 사람들이 전문으로 수행하는 조목이다. 도는 범어의 바라밀다를 한자로 번역한 말로, 어떤 이는 도피안(到彼岸)이라고도 번역하니, 곧 이상적인 곳에 이른다는 뜻이다. 그러나 최근에는 지혜의 완성이라고 번역하고 있는데, 다 뜻이 같은 말이다. 도(度)는 스스로 건너고 남도 건너게 해준다는 말이고, 도피안은 불교의 이상적인 열반의 세계에 이른다는 말이며, 지혜의 완성은 모든 번뇌를 여의었다는 말이니, 결국 같은 뜻을 역자의 취향에 따라 다르게 표현했을 뿐이다.

죄악이 많고 미혹이 많은 현실세계(現實世界)인 이 언덕을 떠나 평화롭고 깨끗하고 안락한 이상세계인 저 언덕으로 간다는 뜻이다. 그러므로 육도라는 도(度)자도 건너간다는 뜻을 의미하는 것이다. 도피안의 사상은 대승불교의 근본정신이다. 그러나 도피안 하자면 한 가지나 두 가지 수양과 실천으로 되는 일이 아니고, 적어도 이 여섯 가지 조목을 수양하고 실행해야 된다는 뜻에서 육도를 닦게 하였다.

여섯 가지는 어떠한 것인가?

첫째는 보시(布施)다. 보시는 자선(慈善)하는 마음으로써 내 것을 아무 요구도 없이 남에게 주는 일이다. 이것은 세계의 인류를 내 몸과 같이 사랑하는 사회애(社會愛) 내지 세계애의 표현이니, 현대의 말로는 자선사업을 실행하는 일이다. 보시에는 세 가지가 있으니, 물질로 보시하는 재물보시(財施)와 교법을 말하여 남에게 일러주는 법시(法施)와 공포를 느끼는 사람에게 위신력으로써 위로하여 편안하게 하는 두려움이 없게 하는 무외시(無畏施) 보시등 세 가지다.

재시는 나의 힘을 따라서 빈궁한 사람을 구조함이니, 굶는 이를 보고는 내 밥을 내어주고, 헐벗은

이에게는 내 옷을 벗어주는 일이다. 법시는 자기가 알고 체험한 도법(道法)을 말해 주어 정법을 믿고 행하게 하는 일이다. 무외시는 어떤 사람이 까닭없이 남에게 학대를 받거나, 영악한 짐승에게 위험을 당하게 될 때에 방편과 위력으로써 대적을 물리쳐서 액난을 면하게 되며, 혹은 수재나 화재나 도난이나 질병이나 생활하며 등에 빠져서 마음이 겁약하고 슬퍼하는 이를 보거든 그들에게 좋은 방법을 말하여 마음을 위로하여 새로운 용기를 얻게 하는 일이다.

둘째는 지계(持戒)다. 지계는 부처님이 제정하신 계율을 그대로 지키는 일이다. 예의와 규범을 잘 지키고, 말과 행동을 단정히 하며, 다른 이의 모범이 될 만한 수행을 말한다. 5계와 10계와 250계 등을 엄격하게 지켜야 하는 행동이며, 또 대승보살이 수행하는 삼취정계(三聚淨戒)가 있으니, 온갖 나쁜 짓을 끊어버리는 섭율의계(攝律儀戒)와 모든 착한 일을 죄다 행하는 섭선법계(攝善法戒)와 온갖 중생을 거두어서 이롭게 하는 섭중생계(攝衆生戒)다.

셋째는 인욕(忍辱)이다. 인욕은 다른 이에게서 어

떠한 피해나 수모를 당하더라도 견디고 참아서 원망하거나 복수하지 아니 하며, 또 추위와 더위에 굶주리고 목마름 등의 곤란한 일을 만나더라도 이기고 참는 일이다. 그러나 인욕은 역경의 어려움만 참음이 아니라 좋은 일도 참음이니, 순경(順境)을 당하여 의기가 양양할 때라도 거기에 취하거나 빠지지 말고 참아야 함도 포함된다.

넷째는 정진(精進)이다. 정진은 작정한 사업과 책임진 일에 대하여 간단없이 노력하는 일이다. 몸과 마음을 가다듬어 자기의 책임을 충실하게 하는 동시에 인욕、선정、지혜등 다른 도의 실천에 대하여 꾸준히 나아가는 일이다.

다섯째는 선정(禪定)이다. 선정은 정신을 통일하는 수양으로 진리를 생각하고 직관하여 산란한 마음을 거두어들이고 정지(靜止)하는 일이다. 선정에는 4선(禪)과 8정(定)과 소승선과 대승선이 있거니와 모두 마음을 한경지에 집중하여 동요하지 아니하고 반성하며 속으로 관찰하여 본래의 면목을 찾아보는 수행이다.

여섯째는 지혜(智慧)다. 지혜는 수양함으로써 체

득하고 생사를 벗어나는 일이다. 만법의 진리를 동철하는 최상의 지혜를 말한다. 세상에서 한두 가지를 배워서 아는 지식이나, 한번 두번 경험하여 깨닫는 지견(知見)을 말함이 아니요, 우주의 진리에 계합하는 평등、절대의 무분별한 지혜(實賀)와 모든 사물을 통달하여 중생을 교화하는 방편의 권지(權智)를 말하며, 한번 깨달으면 일체를 알게 되는 일체종지를 말함이니, 범어로는 반야(般若 · Pranja)라 한다.

이 6도는 보살의 수행하는 중요한 조목으로서 어두운 생사의 이 언덕을 떠나서 광명한 열반의 저 언덕으로 가는 방법이니, 적극적으로 남을 위하는 보살행의 덕목(德目)도 되지만은, 소극적으로는 자기의 마음을 닦는 바른 행이 된다. 보시로는 아끼고 탐닉하는 마음을 다스리고, 지계로는 불합리한 행동을 교정하고, 인욕으로는 성내고 거친 성질을 바로잡고, 정진으로는 게으른 버릇을 고치고, 선정으로는 산란한 마음을 대치하고, 지혜로는 어리석고 미련한 생각을 없애는 일이다.

7. 네 가지 진리

불교는 원래 고통을 받은 중생을 구제함으로써 제일의 목적을 삼는 종교다. 모든 경전을 학문적으로 볼 때에는 조잡한 느낌이 없지 않다. 그러나 원시경전(原始經典)과 대승경전을 통하여 일관된 교리가 있으니 그것이 곧 사성제(四聖諦)에 대한 가르침 이다.

대승경전에 의하면 이 사성제는 소승불교의 교리라 하여 퍽 소홀하게 다루는 것처럼 되어있으나, 실제로 이 교리가 불교의 근본 진리인 동시에 대승교리도 역시 이 사성제의 발전에 지나지 않는다. 아함경에 의지하면 부처님께서는 사부대중에게는 물론이요, 인촌(隣村) 등 모든 설법을 듣는 이들에게 설법하실 때, 언제나 이 사성제로써 교화하셨다. 상대자의 생각이 아직 순수하지 못할 때에는 그들의 근성과 욕락을 따라서 보시、지계、생천(生天)등의 법을 말씀하시다가 그들의 마음이 순수하여지고 도를 구하는 뜻이 간절해지면 반드시 이 사성제로써 교화하셨다.

사성제는 '네가지의 진리' 라는 뜻이니 부처님께서 깨달으신 이 우주와 인생의 진리를 중생들에게 가르치시기 위하여 만든 일종의 교안(敎案)이다. 불교의 모든 교리는 이 네 가지의 범위 안에 포함된다.

네 가지는 고성제(苦聖諦)、집성제(集聖諦)、멸성제(滅聖諦)、도성제(道聖諦)다. 이 고、집、멸、도는 거룩한 성인께서 밝히셨으므로 성(聖)이라 하며, 또 이 네 가지는 진실하고 허망하지 않다는 뜻으로 제(諦)라 한다.

첫째 고성제는 부처님께서 중생의 삶을 보실 때, 전부가 괴로움이라고 하셨다. 중생의 삶이 고라고 하심은 우뚝 드러나는 사실이다.

고의 종류를 여덟 가지로 분류하셨다.

1은 생고(生苦)다. 중생이 세상에 부모님에게 몸을 받아 나는 고통도 있지만, 난 다음에도 생명을 유지하기 위하여, 여러 가지의 생활고가 따른다. 사람으로 말하더라도 경제력이 넉넉한 사람은 인생을 안락하다고 생각하나, 가난한 사람은 하루에 세 때 밥을 먹는 것도 여간 어려운 일이 아니다. 그래서 이 나고 살아가는 현실 자체가 고통이라 하여 태어나는 자체를 괴로움이라 한다.

2는 노고(老苦)다. 곧 늙는 괴로움이다. 사람의 일생에서, 소년기나 청년기에는 늙는다는 고통을 그리 심각하게 느끼지 않지만, 나이가 쉰이 넘어 벌써 귀밑에 흰털이 생기고, 안력도 점점 흐려지고, 몸이 무거워지기 시작하여, 서산에 기우는 해를 보듯이, 쇠하여짐을 느끼게 되니, 이것이 늙는 괴로움의 시초다. 육칠십이 지나가는 동안에 몸은 점점 부자유스럽게 되고, 젊은이들은 슬금슬금 피하고, 귀는 어두워지고, 눈은 어둑어둑해져, 여러 가지 병이 생기게 되니, 이것이 사람마다 당하고야 마는 늙음의 괴로움이다.

3은 병고(病苦)다. 늙으면서 생기는 병도 괴로움

이 견딜 수 없는 고통이지만, 만일 젊은 사람으로서 몸이 허약하여, 여러 가지 병이 생긴다거나, 혹은 불행하게 불구자가 되거나, 고칠 수 없는 병이 생긴다면, 그야말로 지옥생활이나 다름이 없다. 동병상련(同病相憐)이란 말과 같이 병난 사람이 아니고는 병난 이의 괴로움은 상상 할 수 없다.

4는 사고(死苦)다. 태어난 자는 반드시 없어지는 원리(生者必滅)에 의해, 났던 이가 죽는 것은 자연스런 일이지만, 이 자연을 거슬러서 죽지 않으려 함이 생물의 본능적 욕망이다. 삼신산의 불사약을 구하려 했다는, 진시황의 소위는 누구나 그 어리석음을 웃지 아니 할 이 없지만, 사실은 사람마다 진시황의 욕망을 가지고 있는 터인즉, 이 죽음의 고통은 네 가지 괴로움 가운데 가장 큰 괴로움이다.

위의 네 가지 괴로움 밖에도, 또 네 가지 괴로움이 있다.

1은 사람은 누구를 막론하고, 현실에 만족하지 않고 다른 무엇을 구한다. 그러나 구한다고 반드시 구하는 대로 얻어지지 않는다. 구해서 얻어지지 아니할 때, 받는 적지 않은 괴로움을, 구해서 얻지 못하는 괴로움(求不得苦)이다.

2는 우리는 사랑하는 사람이나, 좋아하는 물건이나, 즐기는 향락을, 늘 가지게 되지 않고, 자주 여의게 되어 받는 괴로움이 사랑하고 좋아하고 즐거움과 이별하는 괴로움(愛別離苦)이다.

3은 원수나 미운 사람이나, 좋지 않은 환경을 언제고 만나지 않기를 바라는 일이, 우리 중생의 욕구인데, 우리는 할 수 없이 그런 상황을 만나게 됨이, 원수나 미운 자를 만나는 괴로움(怨憎會苦)이다.

4는 우리의 몸은 다섯 가지가, 임시로 뭉쳐져 이루어진 물체인데, 이 다섯 가지 가운데, 어느 하나가 정량에 넘치거나, 정량에 모자람에 따라, 생기는 괴롬도 상당하다. 예를 들면 한 쪽 눈이 너무 작거나, 너무 크거나 하는 데서 받는 괴로움 들은, 육신의 부조화에서 오는 괴로움(五陰盛苦)이다.

이상을 여덟 가지 고라 하거니와, 중생의 고통은 여덟 가지 고에만 그치는 것이 아니고, 중생의 생활 전체가 고통이다. 그러므로 부처님께서는 일체가 다 괴로움(一切皆苦)이라 하시고, 인간이 사는 세계를 고해(苦海)라 하셨다. 네 가지 고(苦)와 여덟 가지 고(苦)는, 중생의 삶이 일체가 고통인 가운데서도 두드러지게 드러난 괴로움을 대표로 예시하셨다. 다시 말하면 중생의 삶 전체가 고통이라 함은 부처님께서 인생의 생활면을 사실대로 식별하시고서 내리신 판단이므로 이것은 틀림없는 진리라는 뜻에서 고제라고 하셨다.

둘째 집성제는 고성제의 원인을 말한다. 중생의 전체가 고(苦)라고 하니 어찌하여 고를 받게 되는가? 그 이유를 밝힌 것이 곧 집성제다. 중생이 고(苦)인 것은 여러 가지 인연에 따라서, 만들어진 유위법(有爲法)인 까닭이다. 중생은 어찌하여 만들어졌는가? 부처님께서 '세계와 중생이 만들어진 근본 원인은 중생들의 마음 가운데 번뇌 때문이라'고 말씀하셨다. 이 번뇌가 모여서 움직임을 집이라 하셨으니, 모든 번뇌가 모여서 움직이면 그것이 원동력이 되어서 업(業)을 짓고, 이 업의 힘에 의지해 괴로운 중생이 생긴다. 다시 말하면 집제의 원인에 따라서 고제의 결과가 나타나나니, 고제와 집제는 세간법의 인과(因果)이다.

셋째 멸성제는 불교의 최고 이상인 열반을 말한다. 열반은 범어로서 번역하여 멸이라 하고, 여기에 진리라는 말을 붙여 멸제라 하셨다. 멸은 번뇌를 소멸하였다는 뜻이다. 우리가 진리를 진리로 보지 못하는 이유는, 청정하기 달과 같고, 고요하기 물과 같아야할 우리의 마음이 주체인데, 주체가 아닌 번뇌 때문에 마음의 근본 성품을 발휘하지 못하는 까닭이다. 우리가 만일 불교의 수양에 따라 번뇌를 없애버리면 거기에는 진여의 세계가 나타나나니, 진여의 세계에서는 사람과 진리가 둘이 아니며, 지혜와 경계가 합일하게 된다. 이러한 진여의 세계를 소극적인 멸이란 말로써 표현하는 이유는, 주관에 의지하지 않고는 이러한 경지를 나타낼 수 없고, 이것을 나타내려면 번뇌와 망상(妄想)만 소멸하면 되므로, 주관적인 활동의 형용을 빌어서 객관적인 진리의 세계를 표현했으니, 멸성제는 불교를 수행하는 최후의 목적인 이상의 경계를 말로써 표현한 것이다.

넷째 도성제는 멸제에 이르는 길을 말한다. 멸제라는 이상경에 이르는 데는 바른 길과 적당한 방법이 있어야 한다. 그것이 곧 도성제(道聖諦)다. 이 도제에는 사념처(四念處)、사정근(四正勤)、사신족(四神足)、오근(五根)、오력(五力)、칠각지(七覺支)、팔정도(八正道)등, 서른일곱 가지 바른 불도를 이루는 데 도움을 주는 방법이 있다. 멸제에 이르기 위해서는 이 여러 가지 길을 닦아 나아가야 하며, 이 길을 따라 닦으면 틀림이 없다는 뜻에서 도를 이루는 진리라 한다. 고、집 2제는 세간의 인과인, 멸、도 2제는 출세간의 인과(因果)다.

부처님께서는 자기 자신을 좋은 의사에 비유하시고, 이 4성제를 의사의 처방에 비교하셨으니, 고제는 병자와 같고, 집제는 병의 원인과 같고, 멸제는 병을 완치함과 같고, 도제는 병을 치료하는 처방과 같다고 하셨다.

부처님 대의왕께서는 네 가지 거룩한 진리라는 처방으로써 모든 중생의 병을 고치시기 위하여 45년 동안을 조금도 쉬시지 않고 설법하셨다.

8. 미혹(迷惑)의 과정(過程)

우리 인생은 왜 이 세상에 태어나지 않으면 안 되게 되었는가? 또 태어난다면 안락한 인생으로 태어나지 못하고 괴로운 중생으로 태어났는가 ?

종교를 빼 놓고는 극도로 발달한 과학문명에 있어서도 이 문제만은 천고에 해결할 수 없는 문제다.

기독교에서는 신이 아담과 이브라는 한 쌍의 부부를 만들었다 하고, 이 부부의 허물로 인하여 죄악 뭉치인 우리 인생이 생겨났다고 한다. 인도의 고대철학에서는 우주의 총 원리인 신이 있어서 만물을 만들어 냈다고 한다. 그렇다면 그 신은 무슨 뜻으로 만물을 내었는가? 그것은 오직 '하나가 여

럿이 되려는 뜻에서' 라고 할 뿐, 만족할 만한 완전한 학설이 아니며 모두 불완전한 인생, 괴로운 인생, 불만투성이 인생이라고 보았다. 사람의 욕망대로 한다면 이왕 전지전능하고 절대적인 신이 우리 인생을 만들었다면 불평이 없고 고통 없이 만들어 주었으면 하는 것이 만인의 공통된 희망이다.

부처님의 가르침에 따르면 우주와 만물을 창조하는 신은 절대로 없다. 그러면 부처님께서는 우주와 인생이 어떻게 생겨났다고 가르치셨는가?

부처님의 10대제자의 한 사람인 사리푸트라 존자님께서 아직 불교에 귀의하기 전에 오비구의 한 사람인 아시바지트(我說示、Aśvajit)에게 '석가모니 부처님의 가르치심이 무엇인가' 라고 물었다. 이에 대해 아시바지트는 '모든 법은 인연으로써 생기고 모든 법은 인연으로써 소멸하느니라' (諸法從緣生 諸法從緣滅) 고 말했다. 부처님의 가르침을 듣고 감격하여 그길로 곧 출가하였다. 이 우주 만물은 모두 인연에 따라서 생겨나고, 또 인연에 따라서 없어진다는 가르침이다. 곧 한 물건으로 이루어질 인연이 있으면 한 물건이 나타나고, 나타났던 물건도 인연이 다하면 그 형체가 없어진다는 가르침이다. 위의 내용은 '세상이 어떻게 해서 생겼느냐'는 물음에 대한 부처님의 대답이다.

석가모니 부처님께서 깨달으신 내용은 진리요, 진리는 법이니 법은 곧 인연이다. 사람이 '만일 인연을 보면 곧 법을 보고, 법을 보는 이는 곧 부처를 보느니라' 고 하신 말씀이 바로 이 내용이다.

부처님 이전에도 인도의 유물(唯物)사상은 유신(有神)사상보다 진보되어 있었다. 그들은 이 우주의 만물은 모두 사대(四大)로 구성되었다는 내용은 부처님의 생각과 같았다. 그러나 그들은 이 사대가 무슨 이유로써 배합되었는지에 대하여는 아무런 설명도 없었다. 그런데 부처님께서는 사대는 인연의 힘에 따라서 물질세계나 정신세계로 구성된다고 하셨다. 여기서 예를 들어 말한다면, 물질세계는 지(地)、수(水)、화(火)、풍(風)의 사대원소가 인연의 힘에 따라서 크고 작은 물체를 이루었고, 동물은 색(色)、수(受)、상(想)、행(行)、식(識)의 5온(蘊)이 인연의 힘에 따라서 육체와 정신으로써 이루어졌다고 하셨다. 사리푸트라께서 '재목과 넝쿨과 풀과

흙과 돌에 둘러싸인 공간을 집(家)이라' 고 말씀하심과 같이, 뼈와 힘줄과 고기 덩어리와 가죽에 둘러싸인 공간을 몸이라 한다. 그리고 근(根)과 경(境)과 식(識)의 셋이 합하여 비로소 보고 듣는 작용이 일어나므로 우리의 몸은 5온의 집합이요, 색、수、상、행、식은 모두 이 오온에 전부 집합되어 있다. 세존께서는 '연기(緣起)를 보는 이는 법을 보고, 법을 보는 이는 연기를 본다. 이 오온은 틀림없이 인연에 따라서 생기느니라' 고 말씀하심도 이것을 말씀하신 것이다. 경에서 말씀하신 내용과 같이 인연이란 것을 구체적으로 말한 것이 연기(緣起)요, 좀 더 구체적으로 말한다면 인연생기(因緣生起)라 한다. 인연에 따라서 생긴 것은 반드시 소멸할 때가 있으니, 이 도리를 말하여 인연으로써 생멸함이 제법(諸法)의 체성이라 하셨다.

연기의 뜻에 대하여 부처님께서 '이것이 있으므로 저것이 있고, 이것이 일어나므로 저것이 일어난다' 고 말씀하셨다. 이 우주의 만물은 모두 연기의 도리로 있는 것이요, 한 가지도 고립하여 있는 것이 아니라 하셨다. 갑이 있자면 을에 의지하고,

을이 있자면 갑에 의지한다. 다시 말하면 서로 인이 되고 서로 연이 되어 서로 존립(存立)할 수 있는 것이 연기이다. 그리고 연기란 것을 구체적으로 말한 것이 십이인연설(十二因緣說)이다. 부처님은 이 연기의 도리를 깨달아서 부처가 되신 만큼 그 이치는 이해하기가 어렵다.

아난다 존자님께서 아직 연소하여서 깊은 법의 이치를 모르시던 어느 날, 나무 밑에 단정히 앉아 부처님의 가르치심을 생각하다가 마음이 맑아지자, 부처님께서 말씀하신 연기의 이치를 분명하게 안 것같이 생각되었다. 아난다 존자님은 기뻐서 곧 부처님께 가서 말씀드렸다.

"세존이시어, 세존께서 가르쳐주신 연기의 도리는 진실로 깊은 이치이온데, 그 도리를 오늘 비로소 확실하게 알았나이다."

"아난다야. 그렇게 말하지 말라. 연기의 도리는 진실로 알기 어렵다. 사람들이 괴로운 세계에 살고 있는 것도 실이 엉클어진 것과 같은 연기의 도리를 모르기 때문이다. 아난다야, 노사(老死)의 연(緣)은 생(生)이다. 생은 유(有)에 의지하고, 유는 취(取)에 의지하고, 취는 애(愛)에 의지하고, 애는 수(受)에 의지하고, 수는 촉(觸)에 의지하고, 촉(觸)은 육처(六處)에 의지하고, 육처는 명색(名色)에 의지하고, 명색은 식(識)에 의지하고, 식은 행(行)에 의지하고, 행은 무명(無明)에 의지하여 생기느니라.

아난다야. 이제 십이인연의 쇠사슬의 하나를 말하리라. 수(受)는 애(愛)의 연(緣)이다. 이것을 반대로 말하면 모든 수가 없으면 애는 일어나지 않는다. 수를 연으로 하고 수를 기본으로 하고서 애가 일어나며, 애에 따라서 구하는 마음이 일어나고, 구하는 마음으로부터 얻는 일이 있으며, 얻어서는 다시 선、악의 선택이 있고, 선택에 따라서 욕심(欲)이 일어나고, 욕심을 따라서 집착이 일어나고, 집착에 따라서 질투가 일어나고, 질투에 따라서 다시 탐욕스런 마음이 일어나고, 탐욕스런 마음을 따라서 자기의 소유를 지키려 한다. 작대기와 칼을 가지고 서로 다투고 서로 싸우며, 서로 비방하고 나쁜 말을 하는 악덕(惡德)은 모두 여기서부터 일어나느니라.

이에 따라서 연기의 도리가 알기 어려운 동시에

우리 인생이 연기한 최초의 근원이 무명임을 알 수 있다. 이 무명으로부터 행, 행으로부터 식, 식으로부터 명색, 명색으로부터 육처, 육처로부터 촉, 촉으로부터 수, 수로부터 애, 애로부터 취, 취로부터 유, 유로부터 생, 생으로부터 늙고 죽는 현실에 이른다. 이와 같이 우리 인생은 미혹에서 시작되었느니라.

내 가르침의 목적은 늙고 죽는 고통을 면하게 하는데 있으니, 늙고 죽음을 소멸하려면 태어남을 소멸하고, 이와 같이 최초의 미혹의 원인인 무명을 소멸하여야 한다. 만일 이 무명을 끊지 못하면 이 십이인연의 쇠사슬에 얽매어 생사의 고해에서 끝없는 윤회(輪廻)를 계속하게 됨이 인생의 실상이니라."

9.소승과 대승

불교의 내용은 대승과 소승의 구분이 있고, 거기에는 자연스럽게 대승은 소승보다 수승하고, 소승은 대승보다 열등하다고 생각함이 일반적인 견해지만, 이러한 구별은 대승에서 하는 구별이고, 소승에서는 그러한 구별이 없다. 그러므로 소승경전 중에서는 소승、대승의 구별을 볼 수 없을 뿐 아니라 대승이라는 명사도 없다.

먼저 소승이니 대승이니 하는 뜻을 말하면, 승(乘)은 실어 옮긴다는 뜻이니, 물건을 운반한다는 의미로서 적게 운반하는 것이 소승이요, 크게 운반하는 것이 대승이다. 비유하여 말한다면 자전거 같은 것은 한 사람만을 태워서 운반하는 것이므로 소승과 같고, 기차나 여객선이나 화물선은 많은 사람과 짐을 싣고 먼데까지 편안하게 운반하므로 대승과 같다. 다시 말하면 소승불교는 자기 한 사람씩만 교화하여 제도함이요, 대승불교는 많은 사람을 함께 교화하고 제도하여 불도를 이루게 함이다.

1. 소승에는 소승의 삼장(三藏)이 있고, 대승에는 대승의 삼장이 있다. 소승 삼장의 경장(經藏)에는 장아함경、중아함경、증일아함경、잡아함경등 네가지의 아함경이 있고, 율장에는 비구의 250가지 계와 비구니 348가지 계등을 말씀한 여러 가지 계율이 있으니, 사분율(四分律)과 오분율(五分律)등이다. 그리고 논장에는 시설족론(施說足論)과 계신족론(界身足論)과 식신족론(識身足論) 등 육족론이 있다.

2. 대승에도 대승 삼장이 있다. 경장에는 화엄경、법화경、열반경、유마경등 여러 가지가 있고, 율장에는 십중계(重戒)와 사십팔경계(四十八輕戒)를 말씀하신 범망경이 있으며, 논장에는 대승기신론(大乘起信論)과 섭대승론(攝大乘論)과 유식론(唯識論) 등이 있다.

이와 같이 소승과 대승에는 그 사상을 말한 경전부터 따로 있어서 피차에 서로 상대편의 사상을 탐탁하게 여기지 않는다.

소승은 출가를 위주로 하고, 대승은 출가와 재가를 구분하지 않는다. 소승의 교단도 비구、비구니、우바새、우바이의 사부중으로 구성되어 있지만, 그 주류는 아무래도 출가한 비구、비구니로 되어 있다. 이에 대하여 대승에서는 이런 출가한 이의 특권을 무시하고, 수행한 실력을 본위로 하여 재가인이든 출가 인이든 간에 도력이 있는 이가 교단의 주류라고 본다.

3. 소승은 형식주의요, 대승은 자유주의라 할 수 있다. 앞에서 말한 출가 재가에 구애하지 않으므로, 모양이야 어떻게 되었든지 수행만 잘하여 실력이 있으면, 그 사람이 남에게 존경을 받을 수 있고, 아무리 부처님께서 계시던 당시와 같이, 출가인이 위의를 갖추었다 할지라도, 마음속이 칠통 같아서는 아무런 가치가 없다는 주장이다.

계율을 지키는데 있어서도 그러하다. 소승에서는 부처님이 말씀하신 250가지 계를, 시대와 국토가 다름도 살피지 않고 그대로 지켜야 한다. 가령 부처님께서 '세 가지의 깨끗한 고기는 먹어도 된다' 고 하신 말씀은, 부처님께서 출가한 사람도 고기를 먹지 않고서는 안 될 때가 있을 때를 염려하셔서 허락하셨다. 그런데 소승에서는 세 가지 깨끗한 고기는 먹어도 무방하다고 한데 대하여, 그것을 이유로 삼아 고기를 먹기 위하여 일부러 그러한 조건에 맞는 고기를 찾아서는 안 된다. 원래 고기를 먹지 말라는 말씀이 아니라, 살생을 하지 말라는 내용이 계율의 본뜻이다. 모든 사람으로 하여금 살생하지 않게 하기 위해서는, 어떤 때를 막론하고 고기를 먹는 사람이 전혀 없어야 한다. 그럼에도 불구하고 소승교도들은, 금지한 조건에 해당하지 않는, 세 가지 깨끗한 고기를 예사로 먹는 것은 형식에만 얽매인 까닭이다

그리하여 대승에서는 형식에 치중하지 않고 그 정신을 살리고자 한다. 형식에 얽매이면 부자유한 점이 많고, 형식보다 정신을 살리면 자유가 있게 되어, 그 자유를 활용하여 얼마든지 불교를 발전시킬 수 있다. 교단을 유지하는 데는 형식을 전연 무

시해서는 안 된다. 그러나 소뿔을 바로 잡으려다가 소를 죽이는 어리석은 짓을 할 필요까지는 없다.

4. 소승은 성문(聲聞)、연각(緣覺)이 주류가 되고, 대승은 보살이 주류가 된다. 소승에서도 보살을 인정하기는 하나, 인정하는 이유는 석가모니 부처님께서 과거 세상에 수행을 하실 때, 이름을 보살이라 했으므로 대승에서 말하는 보살과는 그 의미에 우열이 있다. 소승불교에서는 이승들이 주류가 되어 모든 역할을 하니, 그 분들은 사리푸트라·마하-목갈라야야나·마하-카샤파·아난다 등이요, 보살의 등장은 전혀 없다. 이에 대하여 대승불교에서는 이승도 등장하지만 주로 보살들이 활약하고 있으니, 관세음보살, 보현보살 문수보살 등 무수한 보살들이 그 중심이다. 소승경전과 대승경전을 구분하는 데는, 보살이 있고 없는데 따르면 가장 분명하게 판단이 된다.

5. 소승은 자리(自利) 위주인데 대하여, 대승은 이타(利他) 위주다. 곧 성문승은 부처님의 설법을 따라서 수행하여, 자기만 해탈함이요, 연각승은 부처님의 설법을 듣지 않더라도, 혼자서 꽃이 날리고

잎이 떨어지는 것을 보고서 무상한 이치를 연구하여 진리를 깨달은 분들이다. 그러므로 그들을 독각(獨覺)이라고도 한다. 그러나 이 두 성자(聖者)는 자기만 제도하였을 뿐이요 다른 이까지 돌아보지 않고 혼자만 열반을 즐기는 분들이다.

그러나 대승불교 위주인 보살들은, 자기는 아직 도를 얻지 못했더라도, 다른 이를 먼저 제도하려는 자비심을 가진 성자들이다. 보살의 서원은 모든 중생을 제도하기 위해서는 자기는 성불하지 않는다고까지 했으니 지장보살이 그 중심이다. 그리하여 영원히 하기 어려운 고행인 육도만행(六度萬行)을 이행한다. 이 보살행은 자기의 이익을 위한 수행보다도 이타행이 주가 된다. 육도는 보살이 수행하는 도덕의 조목(條目)으로서 소승불교에서는 찾아 볼 수 없다. 보살은 위로는 부처님이 되려고 수행하고, 아래로는 중생들을 구제하는, 다른 중생을 이롭게 하는 수행에 주력하고, 이승들은 다른 중생을 이롭게 하는 수행은 없고, 위로 생로병사의 고해에서 자기만 벗어나려는 수행만 한다.

6. 소승에서는 '내가 없다' 말하고, 대승은 '내

가 없고 삼라만상도 없다고 말한다.

'내가 없다' 는 뜻은 '모든 법은 모두 일정불변하는 실체가 없다' 는 내용이다. 모든 법은 여러 가지 요소가 모여서 이루어졌으므로 그 인연이 다하여 각 요소가 흩어지면 '나' 라는 존재가 없어진다는 내용이다. 나라는 실체는 없으나, 그러나 나를 이루었던 요소를 법이라 하는데, 이 법은 없어지지 아니함으로, 나는 공하지만 법은 존재한다고 한다. 이에 대하여 대승에서는 나도 없고 법도 없음을 주장하나니, 모든 법을 이루는 요소도 고정되어 불변함이 아니라는 주장이다. 그 이유는 모든 법은 생멸하는 법칙에 의존하여, 역시 고정되어 불변하지 아니하므로 끝이 이르러서는 공이라 한다.

'나도 공하고 법도 공하여 일체가 다 공하다' 고 주장하는 내용이 대승불교의 사상적 특색이다.

7. 소승에서는 아라한이나 벽지불이 됨으로써 최종의 목적을 삼고, 대승에서는 부처님이 되거나 말거나, 여섯 가지를 수행하며 중생을 제도하고, 최후에는 부처님이 됨을 목적으로 한다. 아라한과는 성문승이, 벽지불과는 연각승이 증득할 수 있는 수

행이요, 부처님은 보살들이 증득할 수 있는 최고요 최후의 길이고, 중생제도가 그 목적이다.

8. 소승은 '한 세계에는 한 부처님뿐이라' 고 하므로 이 사바세계에는 석가모니 부처님이 탄생하여 팔상성도(八相成道)를 보이시면서 이 세계를 교화하실 따름이고, 다른 세계도 다른 부처님도 인정하지 않는다. 대승은 여러 세계에 여러 부처님이 계신다고 주장한다. 사바세계가 있듯이 무수한 다른 세계가 있고, 그 세계마다 제각기 다른 부처님이 계셔서 그 세계의 중생들을 교화한다고 주장한다. 그래서 소승불교의 불타관과 세계관은 대승불교의 불타관과 세계관과는 큰 차이가 있다.

10. 세 가지 독과 불심

세 가지 독(毒)은 탐욕、성내는 일、어리석음을 말한다. 이 세 가지는 삼계의 온갖 번뇌를 두루 내포하고 있다. 세 가지 독이 중생의 착한 마음을 해롭게 함이 마치 독사가 사람을 해롭게 함과 같으므로 세 가지 독이라 한다.

1. 탐욕은 나의 마음에 맞는 모든 경지에 대하여 탐내어 끌어드리려 함을 말한다.

무명이란 번뇌로써 집착하는 마음이 깊어, 분수밖의 이성(異性)과 재물을 구하며, 부귀와 지위를 탐하여, 욕심을 내는 일이다. 경전에 따르면 탐욕은 의식이나 지위나 명예에 대한 욕심보다도 이성에 대한 애욕으로 해석한 데가 많다.

2. 성내는 일은 사람은 누구나 욕심을 내어 구하다가 뜻대로 되지 않거나, 무슨 일이나 제 마음에 어그러지면 성내는 일을 말한다.

인생은 탐욕과 성내는 일 때문에 고통과 근심이 많이 생긴다. 경전에 보면 사람이 애욕과 재산을 구하다가 뜻대로 얻어지지 않으면, 고민하고 근심함을 도산(刀山)지옥에 비유했다.

지옥의 옥졸이 죄인 하나를, 칼 잎이 무성한 나무 아래 세워놓고, 그 나무 위에 꽃 같은 이성 하나를 보여주며, 나무 위에 올라가서 저 이성과 함께 놀아라 라고 한다. 죄인은 지옥에 있으면서도, 이성을 탐내어 그 나무로 올라간다. 나무 잎은 모두 칼날로 되어있어서, 죄인의 몸이 잎에 닿는 대로 베어지고, 살과 힘줄이 갈래갈래 찢어지면서도, 그 고통을 참고 천신만고 끝에 애를 쓰며 올라가면, 그 이성은 어느 새, 나무 아래로 내려와서 땅위에 서서 말한다. '나를 사랑하는 00씨, 나는 당신을 사모하는 안타까운 열정으로 당신과 만나려고 여기에 있는데, 그대는 왜 나에게 오지 않고 나무에 올라가 있느냐?' 고 그러면 죄인은 또다시 허둥지둥

칼 잎에 찢기면서 피투성이가 되어 나무 아래로 내려온다.

그러나 그 죄인의 발이 땅에 닿기도 전에, 이성은 벌써 나무 위에 올라가서 온갖 교태를 부리고 있다. 죄인은 속으면서도 속는 줄도 모르고, 또 다시 올라간다. 이와 같이 오랜 세월을 바꿔가며, 죄인과 이성은 서로 만날 길이 없다. 이 일은 마치, 자기의 마음속에 값을 매길 수 없는 청정한 보배가 있음을 모르고, 그림자와 같은 탐욕에 끌려, 이성과 재물을 탐내고, 그것이 뜻과 같이 되지 않는다고, 성내고 근심하고 두려워하고 저주하면서, 마음을 졸이고 화가 치밀어서 몸을 상하면서도, 또 다시 그것을 탐내어 죽고 살기를 헤아리지 않고 구하는 것과 같다고 비유하셨다.

3. 어리석음은 진리를 바로 보지 못하고, 사물에 대하여 근본과 끝을 뒤바꾸어 보며, 앞과 뒤를 분별하지 못하는 마음이다. 어리석음은 지혜와 반대로, 모르는 내용을 아는 체 하고, 그른 사실을 옳다고 고집하여, 멀쩡한 사람을 의심하고, 성현을 비방하며 종교를 반대하고, 바른 법을 부인하고,

미신과 삿된 도를 옳게 여기는 짓이다.

세 가지 독에 정반대되는 내용이 불심(佛心)이다. 불심은 세 가지 독이 없어진 마음이니, 탐욕스런 마음 대신 사양하고 보시하며, 성내는 대신 인자한 얼굴과 부드러운 말로 남을 사랑하며, 어리석음 대신 삼보를 공경하고, 인과를 믿고 진리를 추구하며, 깨달으려 함이 불심이다. 우리는 우리의 마음을 해롭게 하고, 육신까지 패망시키는 세 가지 독을 없애도록 몸과 마음을 수양해야 한다.

어떻게 하면 세 가지 독을 없애버릴까? 탐욕을 없애기 위하여 보시를 행하고, 성냄을 없애기 위하여 자비한 마음을 품고, 어리석음을 없애기 위하여 지혜를 닦아야 한다. 이렇게 하여 점점 닦아 나아가면, 마침내 부처님의 마음이 되어 세 가지 독한 마음이 변화하고 있는 자신을 발견할 테니, 그렇게 마음먹고 노력하려는 순간부터 즐거움과 행복이 내 마음의 안방을 차지하고 그 향기를 사방으로 풍기게 된다.

11. 세 가지 진리

불교의 교리는 엄청나게 광대하여 그 중심을 짐작하기가 어렵다. 그 표현되어 있는 경전의 형식은 하나의 문예작품으로 볼 수 있으나, 그 사상의 내용은 철학이요 종교니, 이 철학이며 종교의 내용이 매우 복잡하다. 더구나 후세에 발달된 각파의 주장에 따르면, 마치 다른 종파의 주의와 주장은 모두 옳지 못하고 자기의 학설과 신앙만이 정당하다고 말했다. 그러나 그 주장이 모두 부처님 말씀에 근거를 두었고, 또 뚜렷한 이론이 있다. 이런 점으로 보아, 누가 옳고 누가 그른지 사실을 가리기 어렵다. 불교의 학설이 비록 천차만별하더라도 한 부처님의 말씀인즉 무엇이든지 공통되는 점이 없지 아니 하다. 이점을 알아서 거기에 입각하여 본다면 각 종파가 자기 종파의 학설만을 고집하여 다른 종파를 그르다고 말할 필요가 없다.

불교의 학설이 여러 가지로 다른 이유는, 부처님께서는 당신께서 증득하신 바를 주장하기 위하여, 45년 동안 설법하심이 아니고 온갖 중생의 번뇌의 병이 천차만별하기 때문에, 그 병에 맞추어 약을 주신 설법이다. 그래서 여러 가지 법문이 있게 되었으니, 이것을 팔만사천 가지 법문이라 한다. 그러므로 아무리 여러 가지 내용일지라도 부처님의 중심이 되는 사상이 있고, 그 중심사상은 각종 각파에 공통된다.

불교의 중심이 되는 사상은 무엇일까?

그것은 곧 삼법인사상(三法印思想)이다.

삼법인을 해석하면 제행무상인(諸行無常印) 제법무아인(諸法無我印) 열반적정인(涅槃寂靜印)이다.

'세 가지[三] 진리[法]는 틀림이 없음을 인증한[印]다' 는 뜻이다. 이 세 가지 교리는 팔만사천 가지 가르침의 받침대로서, 모든 교리가 이 세 가지 진리를 포함하지 않는 가르침은, 부처님 말씀이 아닌

잡설이며 이교도의 유혹이다.

첫째 제행무상인(諸行無常印)은 제행은 온갖 법이란 말과 같은 뜻으로, 물질과 정신의 모든 현상을 가리키는 말이다. 이 모든 현상은 한 가지도 항상 있어 불변하는 것이 아니므로, 내용상 무상이라 한다. 흐르는 물은 잠시도 정지하지 않고, 지구는 항상 돌아서 잠깐도 쉬지 아니 하며, 사람은 출생하여 아기가 되고 소년이 되고, 청년、장년、노년을 지나서 필경에는 죽는 존재요. 초목도 봄에는 잎이 피고 여름에는 무성하고 가을에는 단풍이 들어 낙엽이 되나니, 이런 이치가 모두 무상함에 꼭 맞는다는 이치다. 그러나 이 무상하다는 뜻은 두 가지가 있으니, 하나는 감정적이요, 하나는 이지적이다. 감정적이라는 뜻은 우리 인생이 청년, 장년 시기에는 육체로나 정신으로나 세상에 어려운 일이 없을 만큼 자신이 있다. 그러나 육십 고개를 넘어 노령에 이르면 눈앞이 흐리고, 몸이 쇠잔하여 기억력도 흐려지고, 일에 대한 판단력까지 희미해져, 몸과 마음이 뜻대로 되지 아니 할 때에 유난히 인생의 무상을 느끼게 되며, 혹은 백년을 언약했던 배필이 나를 배반하거나 장래를 의탁하려던 자손이 뜻밖에 죽을 때, 느끼는 무상은 모두 감정적 무상이다.

부처님께서 말씀하신 무상에는 이 감정적인 의미가 없지 아니 하니, 이런 설법에 의지해서 불교를 보는 사람은, 불교는 소극적이어서 인생의 현실을 무시한다고 비난한다.

그러나 무상 하다는 의미는 이것만이 아니고, 이지적인 무상이 있다는 사실을 몰라서는 안 된다. 사람은 나서부터 영아가 소년으로, 소년이 청년으로, 시시각각에 변천함이 원칙이고, 물은 흘러서 쉬지 않고, 초목도 싹이 트고 잎이 피어 무성함이, 곧 식물 성장의 실상이다. 이와 같이 우주의 만물이 생성하고 발전하는 실상을 사실 그대로 관찰하고, 판단하는 지식이 제행무상의 참된 의미이다. 사람이나 생물들이 시시로 변천하는 일이 만일 없어진다면 그것은 벌써 살았다는 사실이 정지된다. 흐르던 물이 흐르지 않으면 그 때는 벌써 썩기 시작하니, 제행무상이라는 부처님의 말씀은 진실로 과학적이요 철학적인 명석한 말씀이다.

둘째 제법무아인(諸法無我印)은 고정불변하여 중심이 되는 실체가 없다는 말씀이다.

제행과 제법은 같은 의미로서 온갖 제법이 무상하다는 사실은 제법에 대한 시간적 관찰에서 내려진 판단이다. 제법이 시간적으로 무상하다면, 그것은 동시에 공간적으로 무아, 곧 자체가 없다는 말이다.

그 예를 들면, 인생은 무엇으로 구성 되었는가?

그것은 여러 가지 요소에 따라서 이루어졌다.

불교에서는 이것을 색(色)、수(受)、상(想)、행(行)、식(識)의 오온(五蘊)으로 구성되었다고 한다. 그러면 오온은 무엇인가?

1). 색온(色蘊)은 물질을 말하는 내용이다. 즉 지(地)、수(水)、화(火)、풍(風)의 네 가지 원소(四大)로 나눈다. 흙의 원소는 견고함이 그 성질이고, 물의 원소는 젖음이 그 성질이고, 불의 원소는 따뜻함이 그 성질이고, 바람의 원소는 움직임이 그 성질이다. 물질은 크고 작고를 말할 것 없이 모두 이 네 가지 원소가 화합하여 이루어진 존재다.

2). 수온(受蘊)은 바늘이나 칼에 찔리면 아프고,

비단에 닿으면 부드럽다. 빛을 보면 밝다 어두움을 보면 어둡다고 감각적으로 분별하는 정신작용이다.

3). 상온(想蘊)은 외계의 사물을 마음에 받아드리고, 거기에 대하여 생각하는 작용이니, 수온보다 조금 더 깊은 관찰에서 받아 드리는 감정과 생각이다.

4). 행온(行蘊)은 감각적으로 느끼는 작용과 삼성과 생각하는 작용이 시간을 따라 변천함을 말한다.

5). 식온(識蘊)은 인식하고 분별하는 작용의 본체를 말한다.

이상의 오온은 우리의 마음작용을 가리키는 말이다. 우리의 몸과 마음은 이 오온의 집합으로써 구성된 것이므로, 이 오온이 제각기 흩어지면 사람이란 존재는 없어진다. 네 가지 원소가 각각 흩어지면 그 물체의 존재가 없어진다는 뜻이니, 일체만법의 이러한 실상을 제법무아라고 한다.

셋째 열반적정인(涅槃寂靜印)은 불교의 이상세계를 말한다. 제행무상과 제법무아의 두 인(印)이 우주만법의 현상을 사실대로 판단한데 대하여, 이 열반적정인은 우주만물의 근본인 당체(當體)를 가리키는 말이다. 우리 인생이 우주의 본체를 사실대로 보지 못함은 우리 마음에 번뇌 망상이 있는 까닭이다. 그러므로 우주의 본체를 표현할 적에 우주의 본체가 어떻다고 말하지 않고, 우리 마음의 본연의 형태를 나타내어 우주 본체의 실상을 대신한다.

열반은 우리의 마음에서 번뇌 때문에 동요하던 마음의 번뇌가 없어지면, 마치 파도가 심하던 바다에 바람이 없어지면, 바다물이 고요해짐과 같다는 뜻에서 열반을 적정이라 말한다. 이 열반의 세계는 현실의 세계와 달라서 시간과 공간의 제한을 초월하여 있는 이상적인 세계다.

위와 같은 세 가지 진리가 틀림이 없음(三法印]은 우주의 현상계와 본체계의 실상에 대한 판단이니, 우리 인생에게 가장 근본적이며 가장 간절한 철학적 종교적인 문제다. 이 세 가지 진리는 불교의 근본 교리다. 그러므로 이 교리는 모든 종파에 공통되는 기초적 교리이므로 이 교리가 없는 종파는 불교의 종파가 아니다.

12. 제가 짓고 제가 받고

인생과 우주는 어떻게 성립되었는가? 이 문제는 동서고금을 통하여 제일 큰 의문인 동시에, 수많은 철학자와 종교가들이 이 문제를 해결하기 위하여 무한한 노력을 했다.

예수교에서는 하느님이 우주만물과 인생을 창조했다고 한다. 서양 사람들의 인생관 우주관은 대개 이러한 사상으로 만족하는 모양이다. 인도의 고대 사상은 어떠한 한 원리가 있어서 그것이 잡다(雜多)하게 변화하여 만물로 나뉘어졌다고 한다.

그러나 불교에서는 하느님이 창조했다는 말과, 한 원리가 잡다하게 변화했다는 말을 모두 부인하고, 업력에 따라서 중생이 생겨나고, 만물이 전개

된다고 주장한다. 이것이 업력연기설(業力緣起說)이다. 업력은 무엇인가? 중생의 동작으로 일어나는 일종의 세력을 말한다. 예수교는 하느님 중심의 창조설이고, 인도의 고대사상은 원리 중심임에 비해, 불교의 우주관 인생관은 중생중심이다.

업이라는 말은 '한다' '만든다' '짓는다'는 등의 의미하는 말이다.

동작 하는 형체는 한 때의 현상으로서, 그 다음 순간에는 없어지는 것이지만, 그 동작에 따라 일어난 세력은 언제까지나 없어지지 않고 남아있다. 어떤 사람이 까닭도 없이 다른 사람을 모욕하거나 때렸다면, 그 모욕하고 때리는 동작은 곧 없어졌지만, 그 봉변을 당한 사람이 분한 생각을 품는 것은 물론이요, 그 무례한 행동을 한 자신도 후회하는 생각이 항상 있다는 뜻이니, 이것이 곧 업력이다. 이 업력이 인이 되어 과보를 받을 때까지 그 세력이 소멸되지 않으니, 이 업력이 불멸하는 원리요, 인과가 필연적으로 계승(繼承)된다는 바른 법칙(法則)이다.

중생이 업을 짓는다는 말은 어떤 내용인가?

정신과 육체로 활동하는 것이 업이요, 업은 곧 세력이 되어 없어지지 않고 남아 있다가 어떤 시기에 업인(業因)에 상응하는 과보를 받게 된다는 내용이다. 우리가 업을 짓는 것은 몸과 입과 마음으로 하는 것이니, 이것을 신(身)、구(口)、의(意) 세 가지 업[三業]이라 하고, 이 세 가지 업을 다시 나누어 몸으로써 짓는 세 가지. 입으로써 짓는 네 가지. 뜻으로써 짓는 세 가지로 나누고, 이것을 합쳐 열 가지 업이라 한다.

이 열 가지 업에 열 가지 선업(十善業)과 열 가지 악업(十惡業)이 있다.

1. 열 가지 악한 업은, 살아 있는 중생(殺生)을 죽임、주지 않는 물건을 제 것으로 함(偷])、혼외 이성과 사랑함(邪淫)・참회해도 용서받지 못할 거짓말을 함(妄語)、이간질 하는 말을 함(兩舌)、욕하고 성나게 말함(惡口)、이치에 어긋나게 교묘하게 꾸며 말함(綺語)・자기의 분수보다 지나친 욕심(貪欲)、인격에 어울리지 않는 성냄(瞋恚)、어리석음(愚癡)등이다.

이 열 가지 업의 과보를 화엄경 십지품에 아래와 같이 말씀하셨다.

1). **살생**한 죄로 지옥이나 아귀나 축생이 되지만, 사람이 되어도 명이 짧은 과보와 병이 많은 과보를 받느니라.

2). **훔친** 죄로는 지옥과 아귀와 축생에 떨어지고, 사람이 되어도 빈궁한 과보와 재물을 공동으로 소유하여 자유롭지 못하는 과보를 받느니라.

3). **사음**한 죄로 지옥과 아귀와 축생이 되고, 사람이 되어도 배필이 정숙(貞淑)하지 못한 과보와 가족들이 화목하지 못하는 과보를 받느니라.

위의 세 가지는 몸으로써 지은 악한 업 때문에 생긴다.

4). **거짓말한 죄**로 지옥과 아귀와 축생에 나지만, 사람이 되어도, 남의 비방을 받고, 남에게 사기를 당하는 과보를 받느니라.

5). **두 말한 죄**로 3악도에 떨어지지만, 사람이 되어도 가족이 흩어지고, 친척들이 해롭히는 과보를 받느니라.

6). **험한 말한 죄**로는 지옥·아귀·축생에 떨어

지지만, 사람이 되어도 항상 나쁜 말을 듣고 시끄럽게 소송하는 과보를 받느니라.

7). **교묘하게 꾸미는 말한** 죄로는 지옥·아귀·축생에 떨어지지만, 사람이 되어도 남이 내 말을 들어 주지 않고 발음이 분명하지 못한 과보를 받느니라.

위의 네 가지는 말로써 짓는 악업이다.

8). **탐욕**한 죄로는 지옥·아귀·축생에 떨어지지만, 사람이 되어도 만족할 줄을 모르고 욕심이 많은 과보를 받느니라.

9). **성낸** 죄로는 지옥·아귀·축생에 떨어지지만, 사람이 되어도 남이 내 허물을 파고들며, 남 이 번거롭게 하거나 손해를 입히는 과보를 받느니라.

10). **사견**(邪見)을 일으킨 죄로는 지옥·아귀·축생에 떨어지지만 사람이 되어도 이교도의 집안에 나게 되고, 학문을 왜곡하고 아첨을 좋아하며, 출세를 위해 국가의 바른 시책을 반대하느니라.

위의 세 가지는 마음으로써 짓는 업이다.

위와 같이 나쁜 업의 과보는 반드시 괴로운 결과

를 받게 된다.

2. 열 가지 선한 업은 열 가지 악업과 반대되는 일을 말한다.

1). 살아 있는 동물을 죽이지 않고, 죽어가는 목숨을 살려줌은 물론, 다른 이를 내 몸을 위하듯이 돌보아 준다.

2). 주지 않는 물건을 내 소유로 하지 않고, 오히려 나의 재산을 이웃에게 보시하며, 남의 어려움을 도와준다.

3). 혼인관계가 아닌 사람에게 이성으로서 사랑의 감정을 갖지 않는다.

몸으로써 짓는 세 가지 선업이다.

4). 거짓말을 하지 않음이다.

5). 한 입으로써 두 가지 말을 하지 않음이다.

6). 악담을 하지 않는 남이 듣고 기분이 좋은 말이다.

7). 남을 유인하는 말이 아닌 고운 말이다.

입으로써 짓는 네 가지 좋은 말이다.

8). 탐욕심이 없는 청정한 마음이다.

9). 성내지 않고 참는 마음이다.

10). 어리석지 않음이니, 마음이 옳고 바르므로 사견에 빠지지 않는 마음이다.

위 세 가지는 마음으로써 짓는 세 가지 선행이다.

위의 열 가지 선행은 어디까지나 악업을 경계하고 선업을 권장한다.

금생의 선악업의 행위에 따라서 내생의 고락(苦樂)이 결정되니, 우리가 과거에 어떤 업을 지었는가는, 현재, 자기의 처지를 보아서 알 수 있고, 미래세에 어떻게 될 것인가도, 현재, 자기가 행하는 행위로써 짐작할 수 있다. 다시 말하면 자기의 과거와 미래를 아는 데는 현재, 자기의 처지와 행동이 거울이 된다는 말이다. 그래서 모든 중생의 현재 상황은 과거의 거울이고, 거울의 각도를 바꾸지 못하면 지금 거울에 보이는 모습이 미래 세상에서 자신이 겪어야 할 모습이다. 어떤 환경이든지 그 환경은 모두 중생들 자신이 짓는 것이다. 얼굴이 잘 생기고, 총명하고 부귀함도 과거에 자기가 지은 업력에 따름이고, 그와 반대로 얼굴이 추하고, 불구자가 되거나, 두뇌가 저능하거나, 빈천한 생활을 하는 것도, 자기의 업력에 따르는 것인즉, 우리는 자신의 불행과 불우(不遇)에 대하여 남을 원망하거나 사회를 탓하지 말고, 다만 자기가 지은 업인의 결과인줄을 깨달아야 한다.

부처님께서 '자기가 뿌린 씨의 과실은 자기가 거두느니라' 고 하신 말씀도 곧 이것을 가리킨 말씀이다. 부모가 아무리 자녀를 사랑해도 그 악업의 과보를 대신하여 받을 수가 없고, 부모에 대한 효성이 아무리 지극해도 부모의 죄보를 대신하지 못함이 현실이다.

세상에 어느 부모가 그 자녀의 일생의 행복을 바라지 아니하며, 또 세상사람 모두가 자기의 행복을 위하여 노력하지 아니하랴만, 세상 사람의 몸과 마음에 잘 생기고 못 생기고 지혜롭고 어리석은 차별이 있을 뿐만 아니라, 생활하는 빈부 고락에 더욱 무수한 차별이 있는 것은 무슨 까닭인가? 곧 제각기 자신이 지은 업력에 따름이다.

중생들이 짓는 업에는 두 가지가 있으니, 하나는

공통적으로 받는 업(共業)이요, 다른 하나는 다른 사람과 차별지게 받는 업(不共業)이다. 불공업은 중생들 각자의 일신상 과보를 받게 되고, 공업은 중생들이 공동으로 살아가는 국토의 과보를 받음이다. 불공업의 과보로는 제각기 여러 가지의 괴롭고 즐겁고 잘 생기고 못 생기는 정보(正報=중생의 몸과 마음)를 받게 되고, 공업의 과보로는 모든 부류의 중생들이 의지해서 사는 국토가 깨끗하고 더러움과 기름지고 박토인 의보(依報=國土)를 받는 것이다. 다시 말하면 개인이 잘 되고 못 되는 것은 개인의 책임이요, 국가와 민족이 흥하고 망하는 것은 전국민 전민족의 책임이라는 말이니, 우리가 어찌하여 한 마디 말과 한 가지 행동에 신중을 기하지 아니하겠는가?. '모든 악을 짓지 말(諸惡莫作)고, 여러 가지 선행을 실천(衆善奉行)하라' 는 과거·현재·미래의 여러 부처님 교훈은 곧 인생철학, 우주철학을 종교적으로 실천하라는 불자들에 한정되는 말이 아니라, 부모가 있고 부류에 소속되어 있는 중생이면 다 지켜야 할 절대적인 실천철학이다.

십선법의 이해를 위해

十善業 積極的修行 大乘	十無記業 消極的 修行 小乘	十惡業 不良人 行爲
放生	不殺生	殺生
勤勉	不偷盜	偷盜
不邪淫	不淫	邪淫身二業
正語	不妄語	妄語
眞語	不兩舌	兩舌
愛語	不惡口	惡口
實語	不綺語	綺語口四業
布施	不貪	貪
慈悲	不嗔	嗔
智慧	不癡	癡意三業

1). 열 가지 선업은 불자라면 누구든지 적극적으로 실천하여, 사람이 되었을 때, 윤회의 각도를 바꿔 놓는 수행이 절대적으로 필요하다.

2). 무기업은 '의지가 작용되지 않는 업은 과보를 받지 않는다.' 는 의미의 업을 말한다.

3). 열 가지 악업은 저만 위하는 불량한 중생들이 하는 짓이다.

13. 참선(參禪)

선(禪)은 선나의 준 말로 정(定)이란 뜻이니, 선정이라고도 하고, 한자어로 번역하여 사유수(思惟修)、정려(靜慮)라고 한다. 선은 정신수련을 말하는 것이다. 범부의 생각은 번뇌 망상으로 말미암아 항상 흔들리고 어지러운 상태에 있으므로 이 흔들리는 마음을 진정시켜 정신을 통일하는 것이 선정의 목적이다 그러므로 달마스님은 '밖으로 모든 반연을 쉬고 안으로는 마음이 헐떡이지 아니하여 마음이 담과 같아야 도에 들어갈 수 있다' 고 하여 선정의 의미를 밝히셨다.

정신을 통일하는 것은 무엇을 하려는 것인가? 도를 얻자는 것이다. 도를 얻음은 마음의 성품을 본다는 것이다. 도가 객관적 존재인가 주관적 존재인가도 문제가 되지만, 우리가 도를 보지 못함은 마음의 거울이 번뇌로써 흐리게 되어 도를 반사하지 못하니, 도를 보기 위해서는 마음 가운데 생겼다 없어졌다 하는 번뇌를 진정시켜야 한다. 우리 마음에 일어나는 모든 생각은 대개 올바르지 못한 망상이며, 마음의 본 성품이 아니다. 비유로 말하면 바다에 일어나는 파도가 망상이라면 바다물이 고요함은 마음의 본래 성품이다. 또 하늘에 모였다 흩어졌다 하는 구름이 번뇌라면 맑은 하늘의 밝은 달이 마음의 본체다. 파도와 구름이 없으면 밝은 달이 바다와 강물에 비칠 수 있음과 같이, 거울에 때가 없으면 사물의 영상이 그대로 나타남과 같이, 우리 마음에 번뇌와 망상이 없어진다면 우주의 진리가 그대로 나타난다. 그러므로 번뇌를 없애기 위하여서는 마음 가운데 온갖 망념이 없어져야 한다.

인도에서 행하던 선정은 생각을 고요하게 하던 방법으로 무념무상(無念無想)에 이르게 하던 것인데, 달마스님이 중국에 와서 최상승선(最上乘禪)을 전파한 후부터 선정도 중국화 했다. 육조스님께 이르기까지는 인도의 선풍과 큰 차이가 없었는데 육조스님 이후부터 선종의 가풍이 일변하여 마치 대나무에 소나무를 접한 듯한 이해할 수 없는 야릇한 어구와 양미(揚眉)、순목(瞬目)、방(棒)、할(喝)등의 동작으로써 후진에게 보여주었다. 또 간화(看話=話頭를 드는 것)에 의하여 선리(禪理)를 표현했다. 어떤 선승이 조주(趙州)스님에게 묻기를 '똥개도 불성이 있습니까? 하니, 조주스님께서는 '없다' 라고 답하셨다.

부처님께서는 모든 중생이 모두 불성이 있다고 하셨는데 조주스님이 없다고 하신 뜻은 무엇인가? 조주스님의 이 말씀은 이해할 수 없는 의문이다.

또 어떤 이가 '달마스님이 인도에서 중국에 온 뜻이 무엇입니까?' 하고 물으니, 조주 스님께서는 '뜰 앞에 잣나무니라' (庭前栢樹子)고 대답하셨다.

이것도 이해할 수 없는 말씀이다. 참선하는 이가 이러한 어구(語句)를 들고 그것에 대한 의심이 풀릴 때까지 참구하는 것을 간화선(看話禪)이라 한다. 이 간화를 공안(公案)이라고도 하니, 공안이란 말은 정부부처의 공식적인 문서, 곧 관청의 예규(例規)라는 뜻과 비슷한 것이다. 지극히 엄하여 변경할 수 없으며, 이것을 표준으로 삼아 시비를 판단하고, 불조(佛祖)의 정하신 방법은 곧 종문(宗門)의 정령(正令)이므로 그것으로써 미오(迷悟)를 판단하니, 마치 정부의 예규와 같다는 뜻에서 공안이라 하는 것이다. 이러한 공안은 옛적부터 종사와 학인의 기연(機緣)이 각각 다른 관계로 그 수효가 1천7백이나 된다고 한다.

참선을 하는 데는 세 가지 요건이 있다.

첫째, **대신근(大信根)**이 있어야 한다.

둘째, **대분지(大憤志)**가 있어야 한다.

셋째, **대의정(大疑情)**이 있어야 한다.

대신근은 부처님의 가르치신 무상대도(無上大道)를 얻고자하면 부처님의 가르치신 말씀을 철저하게 믿어야 한다는 말이다.

대분지는 무상대도를 얻음에는 여간한 결심으로는 될 수 없으니, 부모를 죽인 원수를 갚는 듯한 분한 마음을 가져야 한다는 말이다.

대의정은 참선하는 방법은 먼저 의심을 할 줄 알아야 하나니, 서양의 철학자가 '철학은 의심으로부터 시작된다.' 또 '의심은 보이지 않는 것을 보이게 하는 일이다.' 한 것이 모두 같은 의미다. 수도자가 어떠한 공안을 스승으로부터 받으면 그 공안에 대하여 큰 의심을 가져야 하나니, 그 의심은 망설이는 여우같은 의심을 말함이 아니며, 사량과 분별로부터 일어나는 쓸데없는 삿된 의심을 말함은 더구나 아니다. 종사에게서 받은 공안에 대하여 순일하고 참된 의단을 일으키라는 가르침이다. 이 세 가지 요건을 구비하여야 참선하는 최종의 목적인 무상대도를 깨칠 수 있다.

14. 보살과 부처님

불교의 최고 이상은 부처님이 되는 것이요, 부처님이 되기 위해서는 선행을 많이 쌓고 마음을 닦아서 마음의 자성을 한가위의 달과 같이 밝혀야 한다. 그러나 사람으로서 부처님이 되려면 사람으로부터 여섯 계단을 지내 올라가야 한다. 그 여섯 계단은 첫째는 나쁜 짓만 하는 업장이 두터운 범부인 사람이요, 둘째는 하늘에 사는 천인이요, 셋째는 성인의 지도를 받고 수행하는 성문이요, 넷째는 성인의 지도를 필요로 하지 않고 자신의 능력으로 도를 구하여 수행하는 연각이요, 다섯째는 보살이요, 여섯째는 부처님이다. 우리 범부가 부처님이 되자면 적어도 이 여섯 계단의 수도하는 과정을 거쳐야 한다는 내용이다.

보살은 어떠한 것인가? 부처님이 되려고 수행하는 이를 보살이라 한다. 곧 부처님의 후보자이다. 보살은 보리살타(菩提薩埵)를 줄인 말이다. 보리는 각(覺)이라 번역하니 깨닫는다는 말이요, 살타는 유정(有情)이라 번역하니 중생이란 말이다. 보리와 살타를 합하면 깨달은 중생、깨달을 중생, 또는 중생을 깨닫게 한다는 뜻이다. 곧 자기도 깨닫고 다른 이도 깨닫게 하는 성인이란 말이다. 또 보리살타를 둘로 나누어서 보리를 구하고 중생을 교화하는 이라고 해석하기도 하니, 이것은 보살의 뜻을 남김없이 표현한 말이다. 보리를 구함은 자리요, 중생을 교화함은 이타이니 자리행과 이타행을 아울러 행하는 성인을 보살이라 한다.

보살은 자리행과 이타행을 막론하고 보리를 얻으려 함이 근본이다. 그러므로 성인의 말씀에 '이 살타는 아직 무상정변정지(無上正遍正智)를 얻지 못하였을 적에 이 훌륭한 욕망을 가지고 항상 보리를 따르고, 보리에 나아가고, 보리에 친근하고, 보리를 좋아하고, 보리를 존중하고, 보리를 앙모하고,

깨달음을 구하고, 깨달음을 얻고자 하여 쉬지 않고, 잠시도 마음에 보리를 버리지 아니 하므로 보리살타라 하느니라. 또 살타는 용맹하다는 뜻이니, 아직 무상보리를 얻지 못하였을 때, 항상 보리로써 정진하고, 용맹하여 빨리 증득하려 하므로 보리살타라 하느니라' 한 것과 같이 보살은 그 이름부터가 '깨닫는 이' 란 뜻이다.

보살의 전반적인 의미로는 '보리는 제불도(諸佛道)라는 뜻이요, 살타는 성중생(成衆生)이란 뜻이며, 혹은 대심(大心)이라고도 하나니, 이 사람은 모든 부처님의 공덕을 모두 얻고자 하는데, 끊을 수 없고, 깨트릴 수 없어서 금강(金剛)과 같으므로 대심이라 하느니라. 보살은 자리와 이타로 마음을 삼는 까닭으로, 모든 중생을 건지려 하는 까닭으로, 모든 법을 실성(實性)인줄 아는 까닭으로, 무상정변정지를 행하는 까닭으로, 모든 성현의 칭찬하는 바이므로 살타라 하느니라. 큰 서원이 있고, 마음을 움직일 수 없고, 정진하여 물러나지 않으므로 보리살타라 하느니라' 한 것을 보더라도 보살이란 성자는 도를 구하는 큰마음을 가진 중생으로서 자리행과 이타행을 하려고, 금강 같은 큰 굳은 뜻으로써 큰 서원을 세우고, 그 목표를 향하여 용맹하게 나아가는 성인이다.

보살의 특징은 자리행과 이타행을 쉬지 않고 실천하는데 있거니와, 경전에 따르면 자리행보다도 이타행에 힘을 쓰는 이들이다. 그러나 그 이타행도 결국에는 자리를 위하여 실천하는 행이니, 이타하는 것이 곧 보살의 본원이요, 또 보살이 마땅히 행할 일이다. 보살은 제가 깨닫고 남을 깨닫게 하는 불도를 성취할 것을 목표로 삼는 것이므로 난행(難行)과 고행(苦行)인 육도만행을 하지 않는 일이 없다.

우리가 흔히 쉬운 말은 보살행이라 하지만 참으로 시행하기 어렵다. 수효로 보아서 육도만행이요, 기간으로 보아서 삼대아승지 겁이니, 진실로 무한한 시간에 걸쳐서 오십이 과위(位)의 수행하는 계단을 거쳐서야 부처님 지위에 오르게 된다. 근성이 용렬한 사람은 이렇게 요원한 말을 들을 때, 보살행을 닦아보려던 용기가 없어질는지도 모른다. 보살행이 그렇게 어려워서야 어떻게 보살행을 할 수 있겠느냐고 낙담한다. 그러나 우리는 다시 반성할 필요가 있으니, 우리가 만일 수행하는 기간이 길고 멀다고 행하지 않는다면 언제까지라도 미혹한 범부의 생활만 계속할 상황이 아닌가? 그러므로 이 도리를 깨달은 때부터 빨리 실행함이 하루라도 속히 해탈하는 길을 얻게 된다. 우리는 지금 미혹의 꿈길을 걷고 있는 셈이니, 만일 이 미혹의 꿈만 깬다면 삼대아승지 겁도 잠깐 동안이다. 그러므로 옛날의 성현들은 '눈 깜짝할 동안이라'고 하셨다.

그다음 부처님이란 분은 보살로서의 수행하는 기간을 지나서 더 수행할 여지가 없는 지위에 이른 분을 말한다. 모든 번뇌를 모두 끊어버리고 자기의 본래 성품을 보았으며, 또 우주의 진리를 깨달아서 아무 것도 거리낌이 없이 자각각타(自覺覺他)의 깨닫는 행이 끝까지 원만한 분이다. 석가모니 부처님께서 보리수 아래서 성도하셨을 적에 이렇게 말씀하셨다.

나의 생사는 이제 끝났다
깨끗한 수행은 이미 성취되었고

할 일을 다 하였으니
뒷몸은 다시 받지 아니 하리라.

보살과 부처님의 교화하는 차이는 어떠한가? 한 번 부처님이 되면 오래오래 중생을 교화할 수가 없다. 중생을 교화하자면 사람의 몸을 받아야 하는데 부처님은 온갖 번뇌를 모두 끊으셨으므로 다시 사람의 몸을 받지 않는다. 그러므로 부처님은 최후신(最後身)이다. 부처님께서 말씀한 유교(遺敎)에 의지하여 중생 스스로가 스스로를 교화할 뿐이다. 그러나 보살은 얼마든지 사람의 몸을 받으면서 영원하게 중생을 교화할 수 있으니, 영원히 중생을 교화하는 것이 보살의 서원이요 자비다. 부처님은 중생의 몸을 받을 업력이 없으므로 중생의 몸을 받지 않지만, 보살은 중생을 교화하기 위하여 일부러 중생의 몸을 받을 세력이 되는 번뇌를 끊지 않으신다. 그렇다고 해서 부처님의 자비심이 박약하거나 중생교화를 잊으신다는 말은 아니다. 부처님 마음은 대자비심이라 하셨으니 어찌 중생을 교화하려는 자비심이 없겠는가?

법화경 여래수량품에 아래와 같은 시를 읊으셨다.

내가 성불한 때부터
지내온 겁의 수효
한량없는 백천만
억조 아승지이니라.

항상 법을 말하여
무수억 중생을 교화하여
불도에 들게 한지가
지금까지 한량없는 억겁이니라.

중생을 제도하기 위하여
방편으로 열반을 나타내지만
참으로 열반함이 아니고
항상 있어서 법을 말했느니라.

위의 시를 말씀하셨으니, 이 시를 읽는다면 부처님은 항상 우리 주위에 계셔서 우리를 교화하신다.

그러면 어떻게 나타나시는가? 그것은 여러 형태의 보살로 또는 여러 가지의 사물로 나타나서 우리를 교화하신다.

또 말씀하셨다.

중생이 도를 행하고 행하지 않음을
내가 언제나 알고 있으며
제도할 방편을 따라서
가지가지 법을 말하느니라.

매양 스스로 생각하기를
어찌하면 중생들로 하여금
위없는 지혜에 들어가
부처의 몸을 빨리 이루게 하나

이 세상의 어느 누구가 때도 곳도 가리지 않고, 우리를 돌보아주는 이가 있겠는가? 감정이 있는 인간이면 이와 같이 자비심에 넘치는 부처님의 말씀을 듣고 어찌 감격한 눈물을 흘리지 않겠는가?

보살에는 관세음보살、대세지보살、문수보살、보현보살 등 한량없는 보살이 있으니, 이분들은 모두 옛날에 훌륭한 보살이지만, 누구라도 보살행만 하면 모두 보살이다. 또 보살에는 출가한 보살도 있고, 재가한 보살도 있으니, 사문의 형상을 나타내어 수행하는 이는 출가한 보살이요, 겉으로는 세상 사람의 모양을 하고 계시면서 보살행을 닦는 이는 재가보살이다. 그리고 부처님은 한 세계에 한 부처님 뿐이요, 다른 세계에는 또 다른 부처님이 계신다. 서방 극락세계에는 아미타불이 계시고, 동방 아촉세계에는 아촉불이 계심과 같이 무수한 세계에 무수한 부처님이 계시지만, 보살은 한 세계에 무수한 보살이 있어 그 세계 중생들의 신앙의 대상이 된다.

15. 윤회와 전생

'제행은 무상하다' 는 말은 생멸의 법칙이라는 진리를 따라서, 생긴 말이다. 가시적인 현상은 반드시 없어진다 말이다. 인생에서는 죽고 사는 것보다 더 중대한 일은 없다. 그러므로 불교에서는 '나고 죽는 한 가지 뿐인 큰 일이' (生死一大事) 라고 하여 금생에서 해결하지 아니하면 안될 일로 작정하였다. 사람은 누구나 살기를 좋아하고 죽기를 싫어하면서도 이 생사문제에 대하여 절실하게 연구하고 해결하여 우리에게 몸이 편안하고 생명을 보장할 비법(安身立命)을 알려 준 분은 부처님과 생사를 해탈하신 역대 조사님들 뿐이다.

불교에서는 이 문제를 어떻게 보는가?

'태어남은 한 조각구름이 일어남이고, 죽음 또한 한 조각구름이 소멸함이다'(生也一片浮雲起 死也一片浮雲滅)라고 한 내용을 보면 불교에서는 태어나도 어디에서 온데가 없고, 죽어도 향하여 가는데도 없는 것처럼 너무 허무하게 보는 것 같지만, 이것은 생사가 무상하다는 것을 나타내는 시적인 표현일 뿐이요, 결단코 없는 데서 생겼다가 다시 없는 데로 돌아간다는 허무맹랑한 일이 인생이라는 뜻은 아니다. 사람이 세상에 나는 것은 나지 아니할 수 없는 필연적인 원인이 있고, 죽는 것도 역시 죽지 아니할 수 없는 필연적인 이유가 있다. 저 자연론자나 우연론자는 인생은 자연 혹은 우연으로 났다가 또 자연 혹은 우연으로 죽는다고 할는지 모르거니와, 불교에서는 자연이나 우연으로 생기고 없어지는 일은 하나도 없다고 한다. 그러면 우리 인생이 나지 않으면 안 될 원인은 무엇인가? 그것은 인생이 제각기 과거에 마음의 움직임(惑)이 있었고, 그 움직임으로 말미암아 동작한 업이 있었으므로 그 업이 일종의 세력이 되어, 현재의 자기가 그 결과로 괴로움과 즐거움을 받은 것이다. 이것이 혹

(惑)、업(業)、고(苦)·낙(樂)—因、緣、果—의 필연적인 관계다. 과거에 남긴 혹과 지은 업이 있으면 이과보로서의 현재의 자기는 피할 수 없는 삶이라는 것이다. 이리하여 생이 있는 이상에는 죽음도 역시 피할 수 없는 과정이다. 이것이 생사의 필연적 원리이다.

그러나 한번 나고 한번 죽는 것으로 우리의 생명이 끝나는 것이 아니요, 생명은 영원무궁한 것으로 날 적마다 형태가 달라질 뿐이니, 이것을 윤회전생(輪廻轉生)이라고 말한다. 아직 죽음에 이르지 아니한 현생에서 또 남긴 혹이 움직이고 업을 지어서 그 다음 고과(苦果)를 받는 것이니, 이 혹、업、고의 인과관계는 영원무궁한 미래를 향하여 시작도 없고 끝도 없는 수레바퀴 모양으로 연속된다고 해서 윤회라 한다.

부처님께서 어느 때에 제자들과 함께 길을 가시다가 바닷물을 보시고 탄식하셨다. 제자들이 그 탄식하는 이유를 물으니 부처님께서는 이렇게 대답하셨다. '모든 중생들이 과거 생에서 그 부모들과의 애별리고(愛別離苦)로 흘린 눈물은 저 바다 물보다도 더 많으니 어찌 탄식하지 않겠느냐' 이것은 중생들의 나고 죽는 바다에서 윤회하고 전생하는 나그네 길이 오랜 것을 증명하는 동시에 윤회전생(輪廻轉生)하면서 여러 가지 고통을 받는 중생을 불쌍하게 여긴 말씀이다.

또 윤회하는 데는 윤회하는 장소가 있고, 전생하는 데는 전생하는 근본이 있으니, 장소로는 욕계(欲界)와 색계(色界)와 무색계(無色界)다. 탐욕으로 가득 찬 욕계는 우리가 살고 있는 이 세계와 천인이 사는 천계(天界)의 일부인 육욕천을 말한다. 욕계의 중생들은 색·성·향·미·촉의 오욕에 끌려 생활하는 자유를 얻지 못하는 세계요, 육욕천 위에 있는 색계의 천인들은, 오욕이 없어서 좀 자유롭기는 하나, 색을 보는 것만으로 만족하므로, 아직 색의 존재를 필요로 하니, 이것이 색계의 열여덟 하늘이다. 색계의 위에 있는 무색계는 색도 필요하지 아니한 순전한 정신세계이니, 이 무색계에는 네 층의 하늘이 있다. 욕계의 중생들이 선정을 닦는 수양을 따라서 욕계로부터 색계에 나고, 또 색계로부터 무색계에 차례로 올라가는 것이요, 선정의 힘이 끝나면 차례차례 아래 세계로 떨어진다. 요컨대 모든 중생은 이 삼계를 윤회하는 무대로 삼고 오르락내리락한다.

다음에 전생하는 본체는 무엇인가? 금생에는 사람이었지만 다음 생에는 무엇으로 태어날 것인가? 이 전생하는 본체는 여섯 가지로 분류된다. 지옥、아귀、축생、아수라、인도、천도의 여섯 갈래다. 이 여섯 갈래를 도(道)라고 하는 것은 그 길이 각기 다른 것을 표현함이다. 중생이 여섯 갈래로 윤회하면서 전생하는데, 어느 도를 선택할 것인가는 자기의 자유에 달렸다. 지옥에 가기를 원하면 오무간업(五無間業)을 짓고, 아귀에 가기를 원하면 탐욕을 일삼고, 천도에 나고자하면 열 가지 선행이나 선정을 닦아야 한다. 자기의 생각을 따라 혹(惑)을 움직여 업을 짓는 대로 그 업에 해당한 과보를 받게 된다. 이와 같이 모든 중생은 시작이 없는 과거로부터 끝이 없는 미래에까지 혹、업、고의 인과를 따라 삼계를 무대로 삼고 여섯 갈래로 윤회하면서 업에 따라 여기저기에 태어나 과보를 받는다.

삼계란 우물 긷는 도르래 같아서

三界猶如汲井輪

억겁동안 오고 간 일 셀 수 없나니

百千萬劫歷微塵

이몸 받아 금생에서 건너지 못하면

此身不向今生度

어느 생 기다려 다시 건너 가리요

更待何生度此身

위의 윤회 전생하는 내용을 핍진하게 표현한 일곱 글자로 된 정형시다.

위의 시에 대한 번역을 여러 사람들의 번역에서 보면 오류가 많다.

이 여섯 갈래에 윤회하면서 전생하는 괴로운 과보를 어떻게 해야 해탈할 것인가? 부처님의 가르침을 따라 사성(四聖=성문、연각、보살、부처님)의 생활로 옮겨야 하나니, 불교란 것은 이 윤회하며 전생하는 고통바다에서 벗어나서 자유자재한 네 성인들의 생애로 나아가게 하는 가르침이다.

16. 염불과 정토(淨土)

염불은 부처님을 생각하는 것이 원칙이지만, 나중에는 부처님의 명호를 부르는 것이 염불인 듯이 인식하게 되고, 염불의 대상도 아미타불이 주가 되었다. 그래서 아미타불의 명호만을 전적으로 불러서 극락정토에 왕생하기를 발원하는 종파가 생겼고, 그 종파를 가리켜서 염불종 또는 정토종(淨土宗)이라 하게 되었다. '나무아미타불' 의 뜻을 말하면 여섯 글자 모두 인도 북부에서 주로 사용하던 말이니, 한자로 가차하여 南無요, 번역하면 귀명이며, 국어로 번역하면 '기댄다. 전적으로 의지한다' 는 뜻이다. 아미타는 한자어로 무량수(無量壽)

또는 무량광(無量光)이니, 국어로는 헤아릴 수 없는 수명, 또는 헤아릴 수 없는 빛이란 뜻이다. 불은 부처님이니 깨달으셨다는 뜻으로 합쳐서 인식하면 '무량수 부처님께 귀의한다' 는 뜻이다. 아미타는 시간과 공간을 통하여 무한 무궁한 우주실재의 부사의한 영향력을 인격적으로 표현한 말이며, 극락정토는 진(眞)과 선(善)과 미(美)를 완비한 열반의 덕을 종교적으로 표현한 최고로 더 이상 즐거울 수 없는 세계다.

염불수행에는 세 가지 마음이 있다.

첫째는 지성심이니 거짓이 아닌 성심성의로 아미타불을 믿고 극락정토에 왕생하기를 발원하는 마음이다.

둘째는 신심(信心)이니 참으로 믿고 정결한 마음으로 아미타불께 구제를 받기로 원하는 마음이다.

셋째는 회향발원심(廻向發願心)이니 모든 선근을 극락세계로 회향하여 저 정토에 왕생하기를 구하는 마음이다.

객관적으로 서방정토에 계시는 아미타불의 유래를 말하면 무량수경에 말씀하셨다.

'수없이 오랜 옛날에 세자재왕(世自在王) 부처님이 계셨고, 그 나라를 다스리는 임금이 세자재왕 부처님의 법문을 듣고 신심을 내어 귀의하였다가, 나중에는 나라와 왕위를 버리고 출가하여 제자가 되었다. 이름이 법장비구였고, 법장비구는 시방 세계 중에서 오직 하나뿐인 극락세계를 건설하고, 그 가운데 모든 중생을 인도하여 제도 하려는 서원을 할 적에, 가장 쉬운 방법으로 그 정토에 오게 할 것을 오래오래 생각한 끝에 염불하여 왕생하는 본원(本願)을 세웠다.'

이 본래의 소원을 종합하면 마흔 여덟 가지 소원이 있거니와, 그 대강은 자신이 소원에 의하여 아미타불이 되셨으므로 사바세계의 중생들도 누구든지 아미타불께 귀의하여 지극한 정성으로써 그 명호를 부르며 마음속으로 소원을 빌면 반드시 정토에 왕생하여 아미타불의 수기를 받고 끝에는 성불할 것을 확증한 것이 정토에 왕생하는 주요한 목적이다.

불교에는 자력신앙(自力信仰)과 타력신앙(他力信仰)의 두 가지가 있다. 자력신앙은 선종(禪宗)등에서 우리의 마음이 본래 청정하여 번뇌가 없고 무루(無漏)의 지혜가 구족하여, 이 마음이 곧 부처이므로, 마음 밖에 부처가 따로 없다는 것을 깨닫고, 그 마음의 근본을 추궁하여 더 추궁할 수 없는 데까지 추궁하면 끝에는 크게 깨달아 부처를 이룬다고 함이고, 타력신앙이란 것은 염불종에서 말하는 서방극락세계에 아미타불이 계시는데 그 부처님이 마흔여덟 가지 소원으로써 염불하는 중생을 받아들이는 터인즉, 그 부처님의 명호를 전심전력으로 부르면 그 부처님의 서원에 따라서 극락세계에 왕생하여 아미타불의 법문을 듣고 무생법인(無生法忍)을 깨닫는 다는 내용이다.

이 타력신앙의 염불종에서도 정토와 아미타불에 대하여 자력신앙으로 해석함과 타력신앙으로 해석함이 있으니, 타력신앙은 먼저 말한바와 같고, 자력 신앙은 곧 유심(唯心)이 정토(淨土)요 자성(自性)이 미타라는 내용이다. 이 해석으로는 극락세계도 내 마음에 있으니, 내 마음이 곧 정토며 아미타불도 다른데 계신 것이 아니고 내 마음의 자성이 곧 아미타불이라고 믿고 염불하는 것이다.

자성이 미타라는 것은 자기의 마음이 아미타불이라는 것이니 우리 마음이 본래 청정하여 생멸이 없는 것이 곧 무량수 무량광이요, 그 가운데 소소영령하여 아득하지 않은 것이 각이라는 것이며, 유심(唯心)이 정토라는 것은 극락세계가 서방에 따로 있는 것이 아니라 염불하는 우리의 마음 가운데 있다는 것이다. 다시 말하면 우리의 자성은 본래 청정하여 죄와 복이 모두 공하고 고뇌가 아주 끊어졌으니 곧 여여(如如)하여 변하지 않음이 극락세계라는 것이다. 그러므로 누구든지 이러한 이치를 알고 염불하면 죽은 뒤에 서방에 있는 정토에 갈 것도 없이 지금 이 세상에 살아있는 동안에 성불할 수가 있다는 말이다. 그리고 본즉 극락세계에 왕생함은 살아 있는 동안이거나 죽은 뒤에거나 성불하는 것만이 목적이라고 한다.

17. 진리의 세계와 지혜의 세계

사람의 지식이 어둡던 오랜 옛날에는 보물을 보물로 인식할 줄을 몰랐으므로 금、은、주옥을 값있는 물건으로 알아볼 지식이 없었다. 그러나 사람의 지식이 점점 발달됨을 따라 비로소 선악과 시비를 가리게 되고, 물건에 대해서도 좋고 나쁜 것과 가치를 판단하게 되었다. 인류의 이런 식견이 증장함을 따라서 철학도 생기고 종교도 생기게 되었다. 보통 상식이나 과학으로는 우주에 산재하는 삼라만상의 낱낱 사물에 대하여 그 실체를 알고 가치를 판단하는 정도의 지식이면 충분하거니와 철학에서는 이것만으로는 만족하지 않고 한걸음 나아가서 낱낱 사물의 상호 관련성(相互關聯性)이 어떠한가?

우주만물의 전체가 어떠한가 하는 등의 전체문제와 근본문제를 탐구(探究)하기 시작했다. 철학은 이런 진리를 탐구하는 것으로 임무를 삼는 지식학이므로 어느 정도의 진리를 알면 그것으로 만족한다.

그러나 종교는 여기서도 한걸음 더 나아가서 그 알려진 진리와 자기와의 관계는 어떠한가. 그 이치를 체득하지 못해도, 체득하려는 그치지 않는 욕구와 강한의지와 실천하는 끈기가 있어, 끝까지 성취하고야 말겠다고 노력하면 성취할 수도 있다.

불교의 우주관은 어떠한가? 우주전체는 그대로 한 덩어리의 진리의 세계요, 그 가운데 나타나는 삼라만상은 그대로 진리의 파동이라고 본다. 진리의 세계를 진여(眞如)、법계(法界) 등이라 하고, 그 외 파동인 삼라만상은 그 1색 1향이 모두 중도라고 한다. 이렇게 보는 것은 진리의 세계를 객관적으로 보는 것이니, 이것을 이(理)의 세계라 한다. 이러한 이의 세계는 주관의 어떠함을 막론하고 객관적으로 고원하고 초연하게 존재한다. 그러나 이것이 이의 세계니 여(如)의 세계니 하는 판단은, 사람의 두뇌를 거쳐서 온 내용이므로, 만일 사람이 없다면 이러한 세계의 존재도 인식되지 아니하고, 또 이런 세계가 우리 인생에게 흠모되거나 탄앙(歎仰)되지 않는다. 곧 이의 세계가 존재한다는 판단을 하게 된 이유는, 종교적 욕구가 성취되어서 얻어진 지혜에 따른 결과니, 이것은 주관적인 지혜의 세계에서 객관적인 이의 세계를 인증한 내용이다.

진리의 세계니 지혜의 세계니 하는 말은 과연 어떠한 내용인가? 원래 이러한 진리의 세계나 지혜의 세계는 번뇌 망상에 덮여있는 범부의 마음으로는 생각할 수도 없고, 불완전한 우리의 말로는 표현할 수도 없다. 그러므로 이 경계를 말로써 표현할 길이 끊기고, 마음으로써 사고가 미칠 수 없는 처소(言語道斷 心行處滅)라고 한다. 그렇다고 해서 이런 세계가 없는 것이 아니라 함은, 과거의 여러 불조께서 이를 증득하여 우리에게 보여주신 유훈이 증명한다. 옛날 성인들은 우리의 근기에 맞춰서 이것을 표현하기 위해 매우 고심하셨다. 이것을 진여니 법계니 중도니 제일의니 열반이니 하는 여러 가지 말을 썼다. 그러나 이 여러 가지 말이 생긴 것은 모두 만족하지 못한 것을 증명한다. 이러한 세계가 있다는 것만은 명확한 사실이다. 이것을 사실대로 알려면 마치 물을 먹어보고야 차고 더움을 알듯이, 직접적으로 실천수행을 통하여 체득해야 된다. 그러나 실천수행도 하기 전에 이것부터 알고자 하는 탐욕이 사람의 욕망인즉 이 욕망을 채워주기 위해서는 이 진리의 세계를 더듬어보아야 한다.

객관적인 진리의 세계에 대해서는 사법계(四法界)를 말하니, 이것은 진리의 세계를 네 방면으로 관찰한 내용이다.

1. 이법계(理法界)다. 이는 진리를 말한 것으로 천차만별한 현상계의 근본 원리와 본체를 가리키는 말이다. 우주의 현상을 살펴보면 춘하추동의 네 계절은 그 기후가 문란하지 않고, 일월의 운행(運行)은 그 도를 잃지 않으며, 산은 높고, 물은 낮고, 사람은 서서 다니고, 짐승은 기어 다니는 등의 질서가 정연한 이 현상은, 마치 우주를 주재하는 이가 있어서 일정한 계획으로 운행하는 듯한 느낌을 준다. 그러나 움직임은 누가 주장하거나 지배하는 것이 아니요, 일종의 원리에 따라서 운행되고 있다. 원리에 따르는 현상이므로 모든 법은 모두 질서가

정연하다. 이것을 바닷물에 비유하면 파도가 없는 고요한 바다를 이의 세계라 한다. 이의 세계에서 보면 '우주의 만법은 한 이치로 정돈(一理齊平)되어 나타난다.' 는 차별도 시비도 곡직도 있을 수 없는 평등한 세계다.

2. 사법계(事法界)다. 이는 이법계를 본체로 삼고서 나타난 사상(事象)의 세계다. 산은 산이요, 물은 물이요, 식물계는 식물계요, 동물계는 동물계며, 같은 동물계에서도 지옥、아귀、축생、아수라、인간、천상、성문、연각、보살、부처의 십법계(十法界)의 구별이 엄연하여 서로 침범하지 않는 독자성을 가지고 있다. 사물의 대소 장단과 인생의 존비、귀천의 각계 각층등 차별이 있으므로 도리어 이 현상계는 조화가 되고 질서가 유지된다.

3. 이사무애법계(理事無礙法界)다. 이것은 이법계와 사법계가 서로 융합되어 서로 떨어지지 않는 관계에서 서로 거리낌이 없이 양립(兩立)할 수 있는 관계를 말한다. 곧 이법계는 사법계가 아니면 그 진리의 활용성을 표현할 수 없고, 사법계는 이법계의 원리 없이는 그 존재를 성립할 수 없는 처지에

있다. 바닷물의 본성으로는 고요함이 제 성품이지만 물이 있으면 파도가 있음도 당연한 일이니, 물을 떠나서 파도가 있을 수 없고, 또 파도를 떠나서 물이 따로 있음도 아니다. 이와 같이 이법계와 사법계는 서로 분리(分離)할 수 없는 관계에서 서로 양립하고 있음이 사실이다.

4. 사사무애법계(事事無礙法界)다. 이미 이법계의 원리가 알려지고 사법계가 일어나는 이치와 이사무애법계의 도리가 이해되었으면 이 사사무애법계의 논리는 저절로 이해된다. 사와 사가 무애하다는 것은 현상계의 사사물물은 원래 한 이치로 평등한 원리에서 전개되므로 이와 사는 이미 무애하다. 이와 같은 원리에 서있는 사사물물이므로 이 사사물물도 서로 무애하여야 한다. 사사무애는 일체만법이 서로 주고받아도 방해가 없고, 물건이 있는 그대로 본성에 꼭 들어맞게 되어 있어서, 크고 작은 것이 서로 포섭하고, 넓고 좁은 것이 자재하며, 하나와 많음이 서로 용납하여 염(念)과 겁(刧)이 원융하여 한 터럭 끝에 시방법계를 다 넣을 수 있고, 한 생각에 무변한 과거·현재·미래를 막힘없이 포섭하

며, 미진 속에서 대법륜을 굴리고, 털구멍 속에 대신통변화를 나타내는 것이 곧 화엄법계의 모두가 서로 관련되어 다함이 없다는 연기다.

지혜의 세계는 부처님의 교리에 따라 수행하여 어리석음이 없어지고 지혜가 생긴다. 우리가 진리 가운데 살면서도 진리를 모름은 지혜가 없는 까닭이다. 지혜에도 여러 가지가 있거니와 여기서는 네 가지 지혜(智)를 말하니라.

1. 성소작지(成所作智)는 안、이、비、설、신의 전오식(前五識)을 움직여서 얻는 지혜로서, 모든 범부와 이승을 이익케 하기 위해, 시방세계에서 신、구、의 삼업으로써 갖가지 변화를 일으켜 교화를 성취하는 지혜니, 여래(如來)가 화신(化身)과 화토(化土)를 나타내어 모든 신통을 나타내심이 다 이 지혜의 작용이다.

2. 묘관찰지(妙觀察智)는 제육의식(意識)을 움직여서 얻는 지혜니, 묘는 부사의한 힘이 자재하다는 뜻이요, 관찰은 모든 법을 관찰하는 뜻이니, 온갖 법이 자체만의 고유한 모습과 공통적으로 드러난 모습을 관찰하여 정통하며, 중생의 근기를 잘 알고

부사의한 힘의 작용을 나타내어 교묘한 설법으로써 여러 가지 의심을 끊어주는 지혜다.

3. 평등성지(平等性智)는 제7말나식(末那識)을 움직여서 얻는 지혜니, 도를 보는 자리에서 그 한 부분을 증득하고, 부처님이 되는 자리에 이르면서 전체를 증득하는 지혜니, 모든 법과 자타의 유정을 인연하여 평등하고 일여(平等一如)한 이성(理性)에 수순하며, 자타 피차의 차별된 관념을 떠나서 대자비심으로써 보살을 교화하는 지혜다.

4. 대원경지(大圓鏡智)는 제8아뢰야식(阿賴耶識)을 움직여서 얻는 지혜니, 부처님의 자리에서 처음 얻는 지혜다. 그 자성이 깨끗하고 맑아, 여래의 몸과 국토를 변현(變現)하여, 일체의 공덕을 갖춘 상황이, 마치 한 점의 티끌도 없이 깨끗한 거울에 삼라만상이 그대로 비침 과 같으므로 대원경지라 하고, 반연하는 경지가 무변하여 법계의 사、리를 통틀어 비치므로 일체종지라고 하나니 여래의 온갖 덕을 갖춘 총 본체다.

요컨대 진리의 세계는 지혜에 의하여 비로소 그 존재가 나타나고, 따라서 그 가치가 인증되니, 네

법계의 진리는 대원경지에 비칠 때에 비로소 진리가 된다. 그 때에는 나와 남이 둘이 아니고 하나가 되나니, 이 상황을 이치와 지혜가 남이 모르게 합한다. 이 경지에 이른 이를 부처님이라 한다. 다시 말하면 진리의 세계와 지혜의 세계가 일치되는 일이 체후의 깨달음이며 묘각(妙覺)이다.

18. 천태(天台) 스님과 현수(賢首) 스님

중국에 불교가 흘러 든 후, 첫째로 한 일은 불교의 삼장을 중국 사람에게 보급하기 위한 번역 사업이었고, 중요한 경과 논이 번역된 뒤에는 이것을 연구하는 일이었다. 그리고 연구한 결과로 많은 경논을 비교하여 어느 경은 뛰어나고 깊으며, 어느 경은 저열(低劣)하고 얕은가? 하는 것을 비판하는 눈이 생겨 뛰어나고 깊은 것은 취하여 신앙의 대상으로 삼고, 저열하고 얕은 것은 버리게 되었으니 이것이 중국불교의 건설이다.

불교의 수많은 삼장은 그 내용이 복잡하고 여러 가지여서 일치하지 않으니, 그것을 처음 보는 이는 어느 것이 옳고 어느 것이 그른지 판단하기 어렵다. 그러나 오랫동안 연구한 결과로 피차의 낫고 못함과 교리의 깊고 얕음을 판단할 식견과 신념을 얻어 자기의 신앙과 불교관을 세우게 되었으니 이것이 곧 종파(宗派)를 세우는 일이 되었다.

중국불교를 건설하는 시기에 있어서 종(宗)을 세우기 위해서는 두 가지 조건이 필요했으니, 하나는 교판론(教判論)이고, 다른 하나는 교리론(教理論)이다. 교판론은 부처님께서 사십오년 동안 가르치신 내용을 가로로 세로로 비판해 질서가 정연하게 조직함이고, 교리론은 자기가 옳다고 생각하는 어느 경과 논의 교리가 이러하다고 논술(論述)함이다.

그리고 한 종을 세우는 데는 그 학설을 주장한 사람이 반드시 종조(宗祖)가 되었다. 그러한 형식에 따라서 세워진 종파는 여러 가지가 있다. 그중에서 덕업으로나 학설로나 대표가 될 만 한 분은 지의(智顗)스님이 세운 천태종과 현수스님이 세운 화엄종이다. 천태(天台)는 산의 이름이요, 지의스님이 천태산에 계셨으므로 천태스님이라고 존칭함이다. 7세 때에 절에 가니, 어느 스님이 관음경(觀音經)을 입으로 일러주는데, 한번 듣고 그 자리에서 다 외웠다하니, 그 총명을 짐작할 수 있다. 십팔세에 법서(法緒)스님을 따라 출가하고, 뒤에 대소산(大蘇山)에서 혜사(慧思)스님을 만났다. 혜사스님이 '옛날 영산에서 법화경을 함께 들었더니 그 인연을 따라 다시 왔구나! 하면서 법화경을 가르쳤더니, 이십칠일 만에 약왕보살 본사품에서 '여러 부처님이 함께 찬탄하시기를 법화경의 말씀이 진실한 정진이며 진실한 법공양이니라' 한데 이르러 몸과 마음이 훤칠하여지고, 그 깨달은 바를 혜사스님에게 고하니, 스님이 말하기를 '네가 아니면 깨닫지 못할 것이요, 내가 아니면 이 사실을 아는 이가 아무도 없을 것이다. 네가 증득한 삼매는 법화삼매의 전방편(前方便)이요, 그 삼매에서 풍기는 공덕은 초선(初旋)다라니다. 설사 천만이나 되는 문자승(文字僧)이 있어 너의 변설을 대적하려 해도 다하지 못할 테니 설법하는 사람 중에 네가 제일이 되리라 하셨다. 와관사(瓦官寺)에서 묘법연화경의 다섯 자 제목을 강설할 때에는 그 위대한 도덕에 탄복한 당시의 임금이 하루의 정사를 폐지하고 여러 신하들로 하여금 스님의 강설을 듣게 하였다고 한다.

천태스님의 사상은 법화경 사상이 골자가 되었으며, 그 학설은 두 가지로 나눌 수 있으니, 하나는 오시(五時) 팔교(八敎)의 교판론이고, 다른 하나는 중생성불과 부처님의 수명은 헤아릴 수 없다는 원리를 밝히는 인생철학과 불신(佛身) 철학이다. 스님의 의견에 따르면 법화경은 부처님께서 이 세상에 오신 근본 뜻을 발표한 중요한 경전으로서 모든 경의 왕이라 하셨다. 법화경을 철학으로 보면 객관적으로는 일체제법이 두 개의 사상이 서로를 버리고 합쳐져 하나가 되고, 서로 함께하여 나와 남의 분별이 없으므로 이것을 온갖 법이 둘이 아니라고 하고, 주관으로는 미(迷)한 중생과 오(悟)한 부처가 일체라 함이니, 이것은 성인과 중생이 한 몸이요, 중생과 부처가 둘이 아니라 말함이다. 다시 말하면 중생이 부처가 될 원리가 법화경 가운데 있으며, 또 종교적으로 말하면 부처님의 본체를 밝힌 내용이 법화경이다.

우리가 불교를 믿어야 할 이유는 번뇌의 경지를 벗어나서 해탈인 부처님 경지에 이르게 함이요, 부처님도 중생을 건지려 함이 그 목적이다. 그렇다면 어떻게 해야 우리는 부처님 경지에 이르고, 부처님은 우리를 건질 수 있을까? 그것은 그러할 원리가 있어야 할 터인데, 그 원리는 불교의 교리중에 가장 중요한 내용이며, 법화경에만 이러한 원리가 있고 다른 경에는 없다는 첫째 원리의 주장이다. 그리고 이러한 원리를 우리에게 보여주신 부처님도 과연 그런 원리를 우리에게 일러줄 권위와 실력이 있느냐 함인데, 석가모니 부처님께서는 그러한 원리를 일러줄 권위가 있다 함이다. 그것은 무엇이냐? 석가모니 부처님은 우리와 같은 인간으로서 2,634년 전에 비로소 정반왕궁에 나심이 아니라, 오랜 겁의 옛적부터 본래 부처님이셨다는 내용이요, 또 이러한 부처님과 중생과의 관계는 부자(父子)와 같다는 사실이니, 이것이 법화경의 둘째 원리다. 천태스님 이전에도 법화경과 이 경을 연구한 사람이 많았지만 법화경의 이러한 두 가지 원리를 발견한 이는 오직 천태 지의스님 한 분 뿐이었다.

화엄종주(華嚴宗主) 현수(賢首)스님의 이름은 법장(法藏)이니 화엄학자인 지엄(智儼)의 제자로서 천태스님보다 사십여 년 뒤에 났고, 당나라 측천무후

(則天武后)가 자기 집을 내놓아 태원사를 만들고, 사미를 구하여 출가케 할 때에 추천을 받았다. 스님의 사상적 근거는 화엄경이다. 화엄경도 인도로부터 전해온 것이지만 스님과 같은 화엄학자는 인도에도 없었던 것이다. 그는 화엄경을 중심으로 일대시교를 비판하여 화엄경 사상이 석가세존의 전 사상 중에 가장 높고 가장 장엄한 사상이라고 하셨으니, 이것이 곧 오교 십종(十宗)의 교판론이다.

화엄경에 근거를 둔 사상이란 과연 무엇인가? 그것은 십현연기(十玄緣起)사상이다. 연기는 인연으로써 생긴다는 말이니, 우주간의 모든 법은 모두 인연에 따라서 일어남이요, 한 가지도 혼자서 일어나는 것이 없다는 사상이다. 모든 법은 어떠한 일종의 원리로부터 생긴다거나 어떠한 창조의 신이 있어서 창조하는 것이 아니고, 여러 법이 서로서로 원인이 되고 조연(助緣)이 되어서 일어남이요, 무슨 절대 부동하는 주체가 따로 있음이 아니다. 갑을 주(主)로 하면 을、병、정 등은 모두 반(伴)이 되고, 을을 주로하면 갑、병、정 등이 반이 되어서 우주와 만법이 성립된다 함이다. 모든 법은 이와 같이 서로 포섭하며, 포섭당하고, 서로 걸림이 없이 혼합하여, 주체와 종속된 것이, 모두가 서로 관련되고 연기가 되어, 삼라만상이 일체(一體)인 동시에 또 이체(異體)라는 사상이니 이런 원리를 구체적으로 표현함이 곧 십현연기설(十玄緣起說)이다. 법장스님이 측천무후(則天武后)의 장생전에서 무후를 위하여 십현연기의 원리를 강설할 때, 무후가 잘 이해하지 못하므로 장생전(長生殿)에 장식품으로 놓아둔 금사자를 가리키면서 설명했더니, 그때야 그 깊은 이치를 이해하였다. 한다. 그때에 설법한 내용을 문장화한 것이 유명한 금사자장(金獅子章)이다.

19. 5교와 9산선문

고구려 소수림왕 2년(372)에 불교가 처음으로 전래했고, 백제에는 침류왕(枕流王) 원년(384)에 인도스님 마라난타가 동진(東晋)으로부터 와서 불교가 전해졌으니 고구려보다 12년 후이고, 신라에는 법흥왕(法興王) 15년(528)에 불교가 크게 퍼지기 시작했으니 백제보다도 144년 뒤다.

신라의 불교가 흥왕하던 때에 교종(敎宗)이 다섯 종파로 나누어져 전문으로 교리를 연구했다.

1. 열반종(涅槃宗)은 신라 무열왕(武烈王) 때(654~660)에 고구려의 보덕(普德)스님이 설립했으며, 소의(所依) 경전은 열반경이고, 딸린 도량은 금동사(金洞寺、安州)、진구사(珍丘寺、任實)、대승사

(大乘寺、論山)、대원사(大原寺、全州)、유마사(維摩寺、井邑)、중대사(中臺寺、鎭安)、개원사(開原寺、丹陽)、연국사(燕國寺)등이다.

2. 율종(律宗)은 남산종(南山宗)이라고도 한다. 선덕왕(善德王)때 (632~646)에 자장율사(慈藏律師)가 설립하였고, 통도사(通度寺)가 근본도량이다.

3. 법성종(法性宗)은 삼론종, 성공종(性空宗)이라고도 하나, 설립 연대는 미상이고, 삼국 때에 성행하였으며, 뒤에 있었던 중도종도 삼논종의 다른 이름인듯하다.

4. 화엄종은 원융종(圓融宗)이라고도 하며, 두 파가 있다. 하나는 신라에서 원효스님이 창립하였으니 문무왕(文武王) 때(661~680)에 개종하였고 종파를 세웠고, 해동종、분황종이라고도 하니 경주의 분황사가 근본도량이다. 다른 하나는 의지종(義持宗)· 부석종(浮石宗)이라고도 하니, 의상스님이 당나라 지엄(智儼)스님에게서 화엄종통(華嚴宗) 통서(統緖)를 이어받고 돌아와 신문왕(神文王)때 (661~681)에 설립했다. 근본도량은 부석사(浮石寺、榮州)요, 딸린 도량은 비마라사(毘摩羅寺、原州)、해

인사(海印寺、伽耶山)、옥천사(玉泉寺、毘琵山)、범어사(梵魚寺、金井山)、화엄사(華嚴寺、南岳山)등이요, 문도는 결언(決言) 신림(神琳) 법융(法融) 범본(梵本) 융출(融出) 융질(融質) 운림(雲林) 관혜(觀慧) 희랑(希郎)등이다.

5. 법상종은 유가종、유식종、자은종이라고도 하며, 소의 경전은 유가론、유식론(唯識論)등이요, 경덕왕(景德王)때 (742—764)에 진표(眞表)율사가 크게 이르켰으며, 금산사(金山寺)가 근본도량이며, 속리사(俗離寺)、동화사(桐華寺)는 딸린 도량이다.

이 밖에도 문무왕 때의 혜통(惠通)스님이 설립한 총지종(總持宗)은 또 진언종(眞言宗)이라고도 하며, 봉성사、총지사、주석원 등이 그 도량이요, 선덕왕 때에 명랑(明朗)스님이 개설한 신인종(神印宗)은 금광사(金光寺) 원원사(遠願寺) 돌백사(堗白寺) 현성사(現聖寺)등이 소속도량이다.

선(禪)은 범어의 선나(禪那、Dhyāna)를 줄인 말이니 번역하면 고요한 상태에서 생각한다(靜慮)는 뜻으로 흔히 선정(禪定)이라고 한다. '선은 부처님의 마음이고 교는 부처님의 말씀' 이라 하지만 말없는 마음은 있으나 마음 없는 말은 없다. 부처님의 교법인 8만4천 법장(法藏)도 물론 부처님의 마음에서 나온 것인즉, 교는 선이 말과 문자로 화한 것이요, 선은 교의 근본 원리다. 교를 말씀하신 허다한 법문의 한 마디 한 구절도, 선 아닌 내용이 없지만, 중생의 집착은 말이 있으면 말에 팔리고, 글이 있으면 글에 붙들려, 근본 취지는 도리어 잃어버리므로, 그 병을 다스리기 위하여, 말이나 문자 밖에 따로 표현한 내용이 있으니, 이것은 말과 문자로는 도저히 해석할 수 없다. 그러므로 부처님이 영산회상에서 설법하실 적에 연꽃 한 송이를 들어 대중에게 보이시니, 백만의 세상 사람들과 하늘 사람들은 그 뜻을 몰랐지만, 오직 가섭존자가 빙그레 웃자, 부처님께서 '내게 정법안장(正法眼藏)이 있어 교외에 별전하는 내용을 이제 네게 주는 터이니, 너는 잘 보호하여 유지시켜라' 고 말씀하셨다.

이 교외(敎外)에 별전(別傳)하는 내용이 바로 선이다. 그 뒤에 가섭은 아난다(阿難陀)에게 전하고, 아난은 상나화수(商那和修、śāṇakavāsa)에게 전하여 이렇게 서천(西天)에서는 이십팔 대를 전하여 달마조사(達磨祖師)에 이르렀다. 달마조사는 양나라 무제(武帝)의 대통원년(大桶元年) 527년에 중국에 왔으니 그해는 신라의 이차돈이 순교하던 전해였다. 달마는 중국 선종의 초조(初祖)가 되어 육조 혜능(慧能)대사까지 내려오고, 육조 이후에 비로소 전국에 성행하여 남종(南宗=慧能)과 북종(北宗=神秀)으로 갈라지고, 다시 오종(臨濟、潙仰、曺洞、雲門、法眼)으로 나누어졌다. 우리나라에는 신라의 법랑(法朗)선사가, 중국의 사조 도신(道信)선사에게 법을 받아왔다고 전하지만, 일반에게 알려지지 아니 하였고, 헌덕왕(憲德王) 5년(812)에 도의(道義)선사가 중국에 가서 광주(廣州) 보단사(寶壇寺)에서 계를 받고, 조계산(曹溪山)에서 육조의 탑을 친견하고, 강서(江西)의 개원사(開元寺)에서 서당(西堂) 지장(智藏)스님을 뵙자, 서당스님께서 칭찬하기를 '참으로 법을 전하려면 이런 사람이 아니고 누구이랴' 하고 이름을 도의(道儀)로 고쳐 주었다. 백장(白丈)의 회해(懷海)선사를 찾아가니 백장은 말하기를 '강서의 선맥(禪脈)이 송두리째 동국승(東國僧)에게로 갔구나' 라고 하였다.

이렇게 두 곳에서 인가를 받고 본국에 돌아왔으나, 그때까지도 일반 스님들은, 오직 경전에 의지하여 불교를 배우고 연구하고 수행할 뿐, 그 외에는 불법이 없는 줄 알았으므로, 불립문자(不立文字) 직지인심(直指人心) 견성성불(見性成佛)의 선지(禪旨)를 믿지 아니할 뿐 아니라, 도리어 비방하고 배척하였다. 그래서 선사는 대중의 근기가 아직 성숙하지 못함을 알고, 인제군의 설악산 진전사(陳田寺)에 들어가 사십여 년을 산문에서 나오지 않았고, 그 손 제자인 보조 체징(普照·體澄)선사가 장흥군 유치면의 가지산(迦智山) 보림사(寶林寺)에서 노사를 위하여 개산(開山)하였으므로 가지산문이라 하였다.

그다음 도의(道義)선사보다 10여년 후에 중국에 갔다가 역시 서당 스님에게서 심법(心法)을 전해받고 돌아와서 흥덕왕 3년(828)에 개산한 홍척국사(洪陟國師)는 남원군 산내면의 지리산 실상사(實相寺)에 있었으므로 실상산문이라 하였다.

또 도의국사와 같은 해에 중국에 가서 역시 서당 스님에게서 법을 받고 문성왕 (文聖王) 원년(839)에 돌아와서 곡성군 죽곡면의 동리산(桐裡山) 태안사(泰安寺)에서 개산한 혜철(惠哲)국사는 동리산문의 개산조가 되었다.

헌덕왕 十三년(821)에 중국에 가서 마곡 보철(麻谷·寶徹) 화상의 회상에서 동방보살이라는 칭호를 받고, 문성왕 8년(846)에 돌아와서 경문왕(景文王)과 헌강왕(憲康王)의 국사가 되고, 무설법문(無說法門)을 선양하던 무염(無染)국사는 보령군 미산면의 성주산 성주사에서 성주산문을 창설했다.

구산문 중에 가장 왕성하던 강릉군 구정면의 사굴산 굴산사에서 개산하여 사굴산문을 세운 범일(梵日)국사는 염관 제안(鹽官·濟安)선사의 심인(心印)을 받고 강서의 약산(藥山)화상을 뵌 다음에 명산과 성지를 유람하다가, 당나라 무종(武宗)의 불법사태를 만나, 몸을 숨길 곳이 없는 곤경을 당해, 상산에 숨어 나무 열매로 주림을 참고 냇물로 목을 추기다가, 산짐승의 인도로 육조의 탑에 예배하고 문성왕 8년(846)에 귀국하여 경문왕, 헌강왕, 정강왕의 귀의를 받아 사십여 년을 숲속에 앉아서 종풍(宗風)을 크게 드날렸다.

영월군 수주면의 사자산 흥녕사는 사자산문을 창건한 도량이니, 개산조 도윤(道允)국사는 황해도 귀신사에서 화엄경을 배우고 헌덕왕 7년(815)에 남전보원(南泉·普願)선사를 뵈오니, 선사는 '우리종의 법인(法印)이 동국으로 간다' 고 탄식했다.

문경군 가은면의 희양산 봉암사에 있던 희양산문의 개조(開祖)인 지증 도헌(智證·道憲)국사는 중국에 갔던 일은 없고, 사조의 법을 받았다는 법랑(法朗)선사의 증손제자인 혜은(惠隱)선사의 도통을 이었으며, 단월 심충(沈忠)의 청을 받아 봉암사를 창건하고 산문을 열었으니 곧 헌강왕 칠년(881)이었다.

여주군 혜목산 고달사에 있던 현욱(玄昱)국사는 헌덕왕 16년(824)에 마조(馬祖)의 제자 장경 회훈(章敬·懷琿)선사의 인가를 받고, 본국의 왕자 김의종(金義宗)을 따라 귀국하여, 민애왕、신무왕、문성왕、헌안왕의 스승이 되고, 효공왕 때에 창원군 상남면의 봉림산에 봉림사를 창건하였으니 이른바 봉림산문이다.

이엄(利嚴)존자는 진성왕(眞聖王) 8년(894)에 당

나라에 가서 운거 도응(雲居·道膺)선사를 참배하여, 서래(西來)의 종지(宗旨)를 투철하고, 효공왕 15년(911)에 귀국하여 고려태조의 조칙을 받아 해주군 금산면의 수미산 광조사를 창건하니 곧 수미산문으로 구산문중의 최후다. 이렇게 선법(禪法)이 흥왕하여 전국을 교화하던 것이 최근에는 선맥이 끊어지다시피 되었고, 요사이 새로 선풍이 일어나는 모양이나 구산문 중에서 8산문은 모두 후손이 없어지고 지금에는 오직 도의국사의 후손만이 있는 셈이다.

20. 이론불교와 실천불교

부처님께서 열반하신 후 오래지 아니하여 불교의 교단은 상좌부(上座部)와 대중부(大衆部)로 나뉘었으니 이것을 근본 이부(二部)라 한다. 이 이부는 원래 사상적으로 대립한 것이 아니요, 다만 사소한 의견과 교단의 생활하는 방식에 대한 태도가 다름을 인하여 분리되었던 것인데, 그 후에는 사상까지도 다르게 되었다. 대체로 상좌부는, 보수적 사상이어서 부처님의 말씀이라면, 한구절도 소홀하게 여기지 않고, 그대로 준수하는데 반하여, 대중부에서는 부처님 말씀의 표현보다도, 그 말에 잠재한 뜻을 찾아내어, 이를 천양하려하는 자유분방한 태도였다.

分列한 年代	根本二部	
佛滅 百餘年後	上座部	大衆部
二百 年代의 初葉		一說部 說山世部 鷄胤部
二百 年代의 中葉		多聞部 說假部
二百 年代의 末葉 (혹은三百年代의初葉)		制多山部 西山住部 北山住部
三百 年代의 初葉	雪山部 說一切有部	
三百 年代의 中葉	犢子部 法上部 賢冑部 正量部 密山林部 化地部 法藏部	
三百 年代의 末葉	飮光部	
四百 年代의 初葉	經量部	

그러던 것이 나중에는 상좌부에서 열한 개 파, 대중부에서 아홉 파가 벌어져서 본말을 합하여 이십부파(部派)로 나뉘었다가 또 그 후에는 파벌도 없어지고 교단은 점점 쇠퇴하여진 현상이 인도 불교의 실태다.

그 뒤에 중국에 전래하여 많은 종파가 생겼다. 이 종파들은 각각 경과 논에 의지해 성립된 종파니, 예를 들면 성실론(成實論)에 따라 성실종, 십지론(十地論)에 따라 지론종(地論宗)등의 논종(論宗)이 생기고, 율에 따라서 율종이 생기고, 법화경에 따라 천태종(天台宗), 화엄경에 따라 화엄종(華嚴宗)등의 경종(經宗)이 생겼다. 그러나 중국에서 생긴 종파는 인도의 부파와 그 의미가 같지 않다. 중국의 불도들은 많은 삼장 중에서 어느 경, 어느 율, 어느 논에 신앙과 사상의 근거를 두고 그것을 중심으로 해서 일대경교(一代經敎)를 비판하게 되었으니, 이것을 교판론(敎判論)이라 한다.

중국에서 한 종파를 개설함에는 반드시 교판론이 필요했으니, 법상종(法相宗)의 삼시교판설(三時敎判說), 천태종의 오시팔교설(五時八敎說), 화엄종의 오교십종설(五教十宗說)등이다. 이러한 종파에서는 자기네 종파의 신앙과 학설만이 부처님의 참뜻이라 하여 자기의 종이 수승하고 다른 종은 하열하다고 한다. 그래서 이 각종파의 주장에 따라서는 어느 종의 주장이 옳은지 그 진가와 정사(正邪)를 판별하기 곤란하다. 그러나 각종이 모두 부처님 말씀에 근거를 두었고, 훌륭한 논사(論師)들의 견해를 따라 주장하는 것이므로, 이를 무시할 수는 없다. 그러면 부처님 말씀은 어찌하여 이렇게 여러 가지 차별이 있는가? 그것은 중생의 근기가 각각 다른 까닭이다. 주장하는 학설에는 제각기 다른 점이 있을지라도, 끝에 도달하면 성불하려는 목적에는 다름이 없다. 마치 큰 산을 동에서 올라갈 수도 있고, 서에서 오를 수 있어서 상봉으로 올라가는 길은 다를지라도 최고봉에 올라가서 보면 동일한 산정(山頂)임과 같다. 중생의 근기에 따라서, 염불하는 이는 염불하여 부처님이 되시고, 참선하는 이는 참선하여 부처님이 되시고, 진언을 외우는 이는 진언을 외워 부처님이 되시고, 경을 읽는 이는 경을 읽어 부처님이 되시는 각자의 길로 나아가면 끝에 귀착

하는 데는 다 같은 부처님 경지에 이르는 길이다.

여러 종파들은 각각 특색이 있고, 신앙의 대상이 본존이 있고, 종지의 이론과 실천 수행하는 방법이 있지만, 모든 종파를 종합하면 두 가지로 나눌 수 있다. 하나는 이론적(理論的)인 불교요, 다른 하나는 실천적(實踐的)인 불교다.

먼저 이론적인 불교는 주로 교리를 밝혀서 학설을 체계화한 특색이 있는 철학적 불교를 말한다. 이에 속하는 종파로는 구사종(俱舍宗)・법상종(法相宗)・삼론종(三論宗)・천태종(天台宗)・화엄종(華嚴宗)등이 있다.

구사종은 인도에서 일어난 설일체유부(說一切有部)의 종지를 밝힌 구사론에 의해 세운 종인데, 중국에서 성립된 종으로 지금은 다만 여러 종에서 기초적 학문으로만 연구된다. 이 종은 우주만법을 유위법(有爲法)、무위법(無爲法)으로 나누고, 다시 유위법을 칠십이법, 무위법을 칠십오법으로 나누었다. 이러한 법은 모든 법의 실체로서 삼세에 걸쳐 멸하지 않는다고도 주장한다. 그 요지는 한말로 나타낸 것이 과거・현재・미래는 실제로 존재(三世實

有)하고, 법체는 항상 존재(法體恒有)한다는 주장이다.

<table>
<tr><td rowspan="10">五位百法</td><td>1. 心法八</td><td colspan="2">眼識· 耳識· 鼻識· 舌識· 身識· 意識·
末那識 阿賴耶識</td></tr>
<tr><td rowspan="6">2. 心所有法五十一</td><td>遍行五</td><td>觸· 受· 思· 想· 作意</td></tr>
<tr><td>別境五</td><td>欲· 勝解· 念· 定· 慧</td></tr>
<tr><td>善十一</td><td>信· 慚· 愧· 無貪· 無瞋· 無癡·
精進· 輕安· 不放逸· 行捨·
不害</td></tr>
<tr><td>煩惱六</td><td>貪· 瞋· 癡· 慢· 疑· 惡見</td></tr>
<tr><td>隨煩惱二十</td><td>忿· 恨· 覆· 惱· 嫉· 慳· 誑,
諂· 害· 憍· 無慚· 無愧· 掉擧·
昏沈· 不信· 懈怠· 放逸·
失念· 散亂· 不正知</td></tr>
<tr><td>不定四</td><td>悔· 睡· 尋· 伺</td></tr>
<tr><td>3. 色法十一</td><td colspan="2">眼· 耳· 鼻· 舌· 身· 色· 聲· 香· 味· 觸·
法處所攝色</td></tr>
<tr><td>4. 不相應行法二十四</td><td colspan="2">得· 命根· 衆同分· 異生性· 無想定·
滅盡定· 無想事· 名身· 句身· 文身·
生· 老· 住· 無常· 流轉· 定異· 相應·
勢速· 次第· 方· 時· 數·
和合性· 不和合性</td></tr>
<tr><td>5. 無爲法六</td><td colspan="2">虛空無爲· 擇滅無爲· 非擇滅無爲·
不動無爲· 想受滅無爲· 眞如無爲</td></tr>
</table>

<table>
<tr><td rowspan="10">七十五法</td><td>1. 色法 十一</td><td colspan="2">眼根· 耳根 鼻根· 舌根· 身根· 色境· 聲境
香· 味境· 觸境· 無表色</td></tr>
<tr><td>2. 心法 一</td><td colspan="2">意識</td></tr>
<tr><td rowspan="6">3. 心所有法 四十六</td><td>遍大地法十</td><td>受· 想· 思· 觸· 欲· 慧·
念· 作意· 勝解· 三摩地</td></tr>
<tr><td>大善地法十</td><td>信· 勤· 拾· 慙· 愧· 無貪·
無瞋· 不害· 輕安· 不放逸</td></tr>
<tr><td>大煩惱地法 六</td><td>無明· 放逸· 懈怠· 不信·
昏沈· 掉擧</td></tr>
<tr><td>大不善地法 二</td><td>無慙· 無愧</td></tr>
<tr><td>小煩惱地法 十</td><td>忿· 覆· 慳· 嫉· 惱· 害·
恨· 諂· 誑· 憍</td></tr>
<tr><td>不定地法 八</td><td>惡作· 睡眠· 尋· 伺·
貪· 瞋· 慢· 疑</td></tr>
<tr><td>4.心不相應法 十四</td><td colspan="2">得· 非得· 同分· 無想果· 無想定· 滅盡定
命根· 生· 住· 異· 滅· 名身· 句身· 文身</td></tr>
<tr><td>5.無爲法三</td><td colspan="2">虛空無爲· 擇滅無爲· 非擇滅無爲</td></tr>
</table>

법상종은 인도의 무착、세친의 학설을 받아, 당나라 자은사 규기(窺基)스님에 의하여 개종(開宗)되었으니, 이 종에서도 우주간의 만법을 유위(有爲)와 무위(無爲)로 양분하여 유위법에 구십사법, 무위법에 육법, 합하여 백법으로 나누었다. 이 백법이 실체이기는 하나 구사종과 달라서 삼세에 걸쳐서 실유하는 것이 아니고, 백법중에 유위의 구십사법은 가유(假有)의 법이라고 주장한다. 그리고 우주만법은 모두 우리 각자의 심식(心識)중에 전개된 것이라 하니, 그 요지를 한말로 말하면 삼계는 오직 마음뿐(三界唯心)이며, 만법은 오직 식뿐(萬法唯識)이라는 주장이다.

삼론종(三論宗)은 인도의 용수, 제바의 사상을 이어받아 진나라 길상스님에 의하여 만들어졌다. 삼론은 용수(龍樹)의 중관론(中觀論)·십이문론(十二門論)과 제바의 백론(百論)을 말한다. 이종에서는 우주의 만법을 관찰할 때에 공(空)、가(假)、중(中)의 삼제(諦)로써 한다. 만법은 그 실제적 방면에서 보면 공하므로, 일체법은 인연으로써 생긴 까닭이며, 그 현상적 방면으로 보면 인연으로 생긴 법이므로 일시적이나마 가유(假有)한다는 주장이다. 그리하여 모든 법이 실제적으로는 공하고, 현상적으로는 가유임이 명확하거니와, 모든 법의 전체는 단순한 공만도 아니고, 동시에 또 단순한 가유만도 아니므로, 이 공과 가를 합한 내용이 모든 법의 진리다. 이러한 내용을 중(中)이라 한다. 이 세 가지를 제(諦)라고 하는 까닭은 진리에 틀림이 없다는 뜻이다.

천태종은 진나라 천태산 지자대사가 세운 종이니, 법화경의 오직 일승법뿐이고, 이승도 없고 삼승도 없다는 교리에 의하여 모든 중생이 모두 성불할 수 있다는 취지를 주장하는 동시에 방편품의 십여시(十如是)에 따라서 일념(念)에 삼천이나 되는 불성의 원리를 밝힌 내용이 이 종의 특색이다.

화엄종은 당나라 현수 법장(賢首法藏)스님이 세운 종으로 사법계 십현연기등 깊은 학설을 주장하였다. 그중에 가장 특색인 점은 현상계의 삼라만상이 서로서로 무애하여 주(主)와 반(伴)이 중중하여 무진하게 연기한다는 데 있다.

다음에 실천적인 불교에 속하는 종파는 율종、선

종、밀교(密敎)、염불종 등이다.

율종은 계、정、혜 삼학중에 계학을 엄수함으로써 불교의 목적인 불과를 얻자는 주장이다. 계는 비구의 이백오십계、비구니의 삼백사십팔계 등을 말한다. 이것을 엄정하게 지킬 뿐만 아니라, 계를 이론화하는 점에서 한 종파가 성립되었다. 계를 받아 지키는 점으로는 각종에 공통된 것으로 따로 세울 성질이 아니지만 처음에 십송율(十誦律)을 학문의 대상으로 연구하게 되고, 뒤에 사분율이 연구의 대상으로 성행하다가 당나라 남산 도선(道宣)율사에 의하여 비로소 율종이 성립되었다.

선종은 일찍부터 선에 관한 경문이 중국에 전래하였으나 이것이 한 종파의 체계를 갖추게 된 것은 달마스님이 인도에서 오심으로 시작되고, 이조 혜가、삼조 승찬、사조 도신、오조 홍인、육조 혜능스님을 거쳐서 중국에 선종이 대성황을 이루었다. 그 종지는 문자를 앞세우지 않고, 사십오 년 설법하신 내용 밖에 특별하게 전수하여, 바로 사람의 마음을 가리켜, 성품을 보고 부처가 되게 한다고 주장한다.

밀교는 당나라 때 인도에서 온 선무외(璇無外)、금강지(金剛智)、불공(不共) 등 삼장들이 번역한 경전에 의하여 성립되었으니 그 소의경전(所依經典)은 대일경(大日經)이다. 다른 경전은 응화신인 석가모니불이 말씀하셨지만 대일경등 밀교에 관한 경전은 법신불인 대일여래(毘盧遮那佛)께서 말씀한 내용이라고 주장한다. 석가모니불의 설법은 현신불의 설법이므로 현교(顯教)라고 하고, 대일여래, 법신불의 설법이므로 비밀한 교라는 뜻으로 밀교(密教)라 한다. 밀교의 종지는 몸으로는 여러 불、보살의 서원의 상징인 결인(結印)을 하고, 입으로는 불、보살의 진언(眞言)을 외우고, 뜻은 선정에 들라는 세 가지 밀행(密行)을 행함에 있다. 이 세 가지 밀행은, 대일여래(大日如來)도 행하신 수행법임으로, 수행자가 이 세 가지밀행을 하면, 대일여래는 원리의 대명사니, 이 진리와 행자(行者)가 합일한다. 이렇게 하면 곧 불과중에 들게 된다고 주장한다.

염불종은 무량수경、관무량수경、아미타경 등에 말한바 아미타불의 구제를 믿고 그 구제를 받고, 아미타불의 명호를 부르는 일을 종지로 한다. 아미타불의 서원에 의하면, 이 사바세계는 장애가 많아서 불도수행이 잘 되지 아니하므로, 수행을 잘할 수 있는 세계를 만들었으니, 그것이 서방정토 극락세계다. 누구든지 아미타불의 명호를 열 번만 지성으로 염하면, 극락세계에 왕생하여 아미타불의 지도를 받고 성불한다는 내용이다. 이 종은 당나라 도작, 선도 증이 담란대사의 사상을 이어받아 세운 종파다.

이상 두 가지는 각종파 경향을 대강 말한데 불과하고, 결정코 이론적인 불교에는 실천하는 부문이 없고, 실천적인 불교에는 이론적인 부문이 없다는 주장은 아니다. 불교는 어떤 종파를 막론하고 반드시 교상문(教相門)인 이론적 방면과 관심문(觀心門)인 실천적 방면이 있다.

발문

불교의 깨묵을 현대어법으로 고치며....

이불교의 깨묵은 三十餘星霜 전에 西化하신 스승님께서 밝히셨듯이 부처님의 가르침에 뜻을 둔 초심불교인을 위한 소책자다.

몇 달 고심하던 경전 번역을 끝내고 눈을 쉴 겸 지인을 찾아 깊은 산속의 고찰을 찾아 갔다가 정말 우연히 불교의 깨묵을 발견하고, 산속의 햇빛 속에서 두어 시간 만에 읽고, 책을 원래 있던 자리에 두었더니, 주인이 왈

"너 잘 걸렸다. 남의 책 훔쳐 본 죄로, 그 책 출판할 수 있도록 교정해주고 가거라."

암자 주인의 억지에 걸리지 않았어도, 책을 읽을 때, 어법을 고쳐 새 판으로 찍어야 하겠다는 생각을 했다. 불교대학의 교재로서 너무나 내용이 쉬우

면서 가볍지 않고, 적절함을 느꼈기 문이다.

마침 법보원 에서 '불교의 깨묵이 지금 어법과 다르니 현재 어법에 맞도록 교정하여 출판 하고자 원고 부탁을 하니, 앞 뒤 가리지 않고 손질을 해서 넘기고 보니, 며칠 동안 스승님의 저서에 손을 댄 불손이 불초의 머릿속을 헝클어트렸다.

그러나 일념을 돌리기로 했다. 스승님의 뜻이 많은 사람이 읽기를 바라셨다면 책을 내고 욕을 먹어도 감내하겠다고 마음을 정하고 나니 산만했던 머릿속이 개운해졌다.

이 소책자가 부처님의 가르침을 다 전달하지는 못해도, 바르게 공부하는 길을 가르치고 있음을 누구에게나 말할 수 있다.

특히 네 가지 진리와 세 가지 진리를 이 책보다 쉽거나, 일목요연하게 설명한 경전이나 해설서가 없다. 바닷물은 공통성이 있다. 그게 뭐냐고 묻는 분이 있다면, 웃고 말일. 불교의 깨묵은 각 경전에서 발췌한 내용은 일미다.

늘 불사에 매진하시는 법보원 직원 불자님들에게 항상 불은이 충만 하도록 빕니다.

불기 2554년 4월 25일

몽산 관일 돈수

불교의 깨묵

1972년 7월 30일 초판발행
2010년 5월 25일 개정판 1쇄 발행
2012년 1월 16일 개정판 2쇄 발행
지은이 耘虛 龍夏

발행처 法 寶 院

등록번호 제 2-4213(2005년8월)
주소 서울시 중구 필동3가 25-1
전화 02)2272-0251~2 F 2278-4069

값 : 8,000원